社会科授業サポートBOOKS

子供を社会科好きにする！

面白ネタでつくる全単元の授業プラン&ワークシート

5年生

工業・情報・環境編

阿部 雅之 著

JN205861

明治図書

刊行に寄せて

　小学校教師として，子どもを本気にする授業を追究し続けている著者：阿部雅之先生の「観」が反映された一冊です。阿部先生は，大学在学中より社会科の授業について熱心に研究し続け，子ども達に社会科の楽しさを味わわせるべく，現場で実践を重ねてきました。

　本書には，阿部先生の研究実践の成果が集約されていると感じます。まず，授業プランが丁寧に示され，それぞれの授業のねらいも明確に書かれています。そこが，ハウツー本とは異なる阿部先生の社会科研究者としての真骨頂ではないでしょうか。本書には，クイズや選択問題がふんだんに紹介されており，一時間の授業で，社会科の力を楽しみながら身に付けることのできる工夫がちりばめられています。実践家としての阿部先生の本領も十二分に生かされている書になっています。

　社会科授業で何をどのように教えれば良いのか悩んでいる先生方，子どもはもちろん教師も楽しく社会科学習を通して社会に参画することのできる授業を目指している先生方にとって，本書は予想以上に役立つものになるでしょう。

奈良市立小学校校長

中嶋　郁雄

は じ め に

働き方改革の本として
社会科が得意な人たちのネタ集として
社会科の苦手な人が手軽に，面白い授業をするための資料として

　この本は働き方改革の本です。現在，たくさんの先生方が心を病んで，この職を離れたり，休んだりしていることが社会問題となっています。そんな中で，心ある先生方は「少しでも楽しい授業をしたい」と考えているでしょう。そんな先生方の手助けをするために本書を執筆しました。姉妹編の拙著『子供を歴史好きにする！面白ネタでつくる全時代の授業プラン＆ワークシート』に続き，この本は，社会科が苦手な人も，もっと詳しく知りたい人たちも一歩先の社会科授業が手軽に，しかも教師も子供も楽しくできるようになるために，以下５つの工夫をしています。

　①５年生のすべての単元を網羅した内容
　②基本的に「クイズ→語句確認→主発問」の流れ
　③すべての単元のネタ解説，単元の流れ，ワークシートつき
　④オリジナルネタを中心に構成
　⑤ネタについて考えることが，その単元を捉えるための布石に

①５年生のすべての単元を網羅した内容

　世の中には面白いネタが満載の，とても素敵な本がたくさんあります。全単元の授業案が板書つきで説明されている本もたくさんあります。どちらもとても魅力的です。だからこそ，どちらのいいところも混ぜた本にしました。この本は，姉妹シリーズの国土・食料生産編とあわせて２冊ですべての５年生の授業が進められるようになっています。

②基本的に「クイズ→語句確認→主発問」の流れ

　子供たちは授業の流れが分かると安定します。しかも，姉妹編の『子供を歴史好きにする！面白ネタでつくる全時代の授業プラン＆ワークシート』同様，導入で「クイズ（子供を引きつけるための面白ネタ）」を使い，次に「語句確認（落ち着いて学習する時間を確保）」し，「主発問（１時間の学習で身につけた力を使って答えさせる）」という流れは，子供たちへの負荷も徐々に上がっていくようになっています。子供たちは楽しんで，かつ安定して授業が受けられます。また，社会科の授業が苦手な先生でも同じ流れだと授業展開に慣れてきて，少しずつ社会科の授業の仕方が分かってきます。

③すべての単元のネタ解説，単元の流れ，ワークシートつき

　面白いネタ，全授業の流れだけではなく，授業で使えるワークシートもついています。これなら，授業の前に簡単に自分で解くなどの最低限の準備でも，楽しく子供たちに社会科の力をつけるための授業が手軽にできます。

④オリジナルネタを中心に構成

　姉妹編同様，有田和正氏や，河原和之氏のネタを参考にしたものもありますが，ほとんどはオリジナルネタです。たくさんの参考資料はもちろん，取材に基づいたネタを掲載しています。

⑤ネタについて考えることが，その単元を捉えるための布石に

　ただの楽しいネタはたくさんあります。しかし，授業で身につけたい事柄に迫れるものであるかはバラバラでした。そこで，たくさん発見したネタの中でも，学習する単元を捉えるために使えるネタをできるだけ選りすぐっています。例えば，

オンラインゲームをすると，「誰が」「いつ」「どれくらいの時間」ゲームをしたかの情報がゲーム会社に集められている場合も多い。○か×か。

というクイズ。すぐに答えが出るけれど，「なんでそんなことをするの？」ともっと考えたくなりそうだと思いませんか？

　次に，正しく理解して使っていただき，この本の力を存分に発揮していただくために２つの特徴と板書について補足説明します。

1 クイズネタの特徴
　先にも述べましたが，クイズとして出すネタには，導入として使うだけのものもあります。しかし，多くのクイズは，本当に考えさせたい事柄につなげるためのものです。つまり，一見関係がなくバラバラで，つながっていなさそうなクイズでも，その単元を捉えるために作られているのです。例えば，石垣りんさんの詩からクイズ。

○次の詩を読んで，空欄に入る言葉を考えよう！
　①四日市の太陽は＿＿＿＿＿＿で見ることができます。
　②駅に着けば目をつむっていても分かります。＿＿＿＿＿＿＿んです。

　答えは①肉眼　②クサイ。四日市の公害の現状を知らせた詩です。ここから，「太陽が肉眼で見られるってどんな状態か？」などと考えさせていくとよいでしょう。

2 発問の特徴
　ここではいくつかの発問の特徴を説明します。

［１］立場を選ばせるもので，立場を重要としない場合
　例えば工業の学習で，
「現在日本の貿易赤字の主な原因はエネルギー関連の輸入。さて，日本の輸入はこのままでよい？　それとも変えるべき？」
という発問があります。この場合，選ぶ立場はどちらでも構わないのです。

このような，立場をとらせるが立場はどちらでもよい発問の場合，**その発問を手段として，学習したことを整理させようとしています。**

　先の例の場合，立場を選ばせ，理由を言わせることによって，現在の日本の貿易の問題を整理しているのです。ただ「現在の輸出入の問題を整理しよう！」と問う場合と比べてどちらが子供の食いつきがいいかは説明するまでもないでしょう。

［2］同じ発問を二度，もしくは複数回する場合

　例えば情報の学習で，真偽不明（もしくはデマ）情報を受け取ったとき，
「このような情報を受け取ったとき，すべきことは？」
という発問を複数回行っています。これは，学習内容を根拠にするということもありますが，初めはどちらかというと感覚的に答えさせ，子供たちの現在地を知るために行うのです。そして，学習した後に同じ発問をすると，同じ発問なのに立場が違ったり，理由が違ったりします。これが学習によるものであることはいうまでもありません。変化はそのまま子供たちの成長ともいえます。

③板書について

　板書については，導入のクイズの後から始めることをおすすめします。つまり，クイズでいきなり授業に入り，その後,「今日のめあて」という形で板書し，子供たちと共通認識を図るのです。

　もっとも，語句確認の文をすべて板書する必要はありません。答えの部分だけ板書するなど，授業のテンポが悪くならないようにしましょう。そして，じっくり考えさせたい「大ネタ」など，主発問の内容を中心に板書することをおすすめします。

阿部　雅之

CONTENTS

環　境

*本書内の参照数値やランキング等は，本書執筆時点のものです。ご利用いただく際には変動している可能性がありますので，お手元の教科書や資料集をご確認の上，適宜改変してお使いください。

01-1 日本の工業生産の特ちょう
―日本の都道府県人口ランキングは，どうしてこんなに変わったの？―

　この単元は工業の学習の導入部分です。日本の工業の大体をつかむところですので，大きなネタで長時間追究することはしません。地理的な位置と産業との関係，ここでは特に工業との関係，そして工業の種類を捉える程度にとどめるとよいでしょう。なお，短い単元ですがここだけで業者のカラーテストがある場合が多いのも特徴です。

ここで使える！ネタ一覧

中ネタ：あなたは分けられる？　工業製品には種類があった！
　　　：日本の都市人口ランキングは，どうしてこんなに変わったの？
小ネタ：３月は別れの季節！　昭和の風物詩，「集団就職」とは？
　　　：説明せよ！　日本の工業は○○だ！

💡 あなたは分けられる？　工業製品には種類があった！

　工業の学習をする際に「工業製品とは何か」を抜きに進めてしまうと学習が深まらなくなってしまいます。様々な工業製品を挙げさせた後に分類をさせてみるとよいでしょう。時間が許すならば子供たちで「どんな分類になるか」の枠組みを考えさせるのは思考力育成の観点として面白いですが，枠組みは教師が与えても子供たちは十分楽しく学習を進めることができます。

💡 日本の都市人口ランキングは，どうしてこんなに変わったの？

　2020年10月時点の都道府県の人口ランキングは，１位東京都，２位神奈川

県，3位大阪府，4位愛知県，5位埼玉県……です。ところが実は1880年，1位は石川県，2位は新潟県，3位は愛媛県でした。ここで，「どうしてこんなにランキングが変わったのか？」と聞いてみると子供たちはいろいろな考えを出すでしょう。実は1880年代，日本の産業革命が始まったころまでは，北陸地方の人口と東海地方の人口にはほとんど差がありませんでした。その後，産業革命により工業が発達し，いわゆる「太平洋ベルト」の人口が増え，工業の生産額も増えていきました（どちらが先というわけではありません）。つまり，「工場がたくさんできたから人口が増えた」ともいえるのです。

3月は別れの季節！ 昭和の風物詩，「集団就職」とは？

　都市部への人口の移動は，「集団就職」を例とすればイメージしやすいでしょう。以前は各々で都市部への就職が行われていましたが，より労働者，経営者の双方に都合のいい方法へと変化していきます。つまり，戦後から1970年代までは国を挙げて都市部への労働者の就職が推奨されたのです。「金の卵」と呼ばれた若い労働者たちは，当然就職先の地域で家庭を持つことが増えました。これが人口の都市部への移動の一つの理由といえます。右は岩手の例ですが，イメージするにはよい資料です。　　参考動画→

説明せよ！ 日本の工業は○○だ！

　これはネタというより，「日本の工業を一言でいう」学習活動です。各教科書や資料集の資料を根拠に答えさせることで学習のまとめになります。このとき，①場所 ②製品の内容（日本が得意なもの）③その他など，まとめる視点を与えるとよりクリティカルなまとめができるでしょう。

参考文献
○浅井建爾『教養としての日本地理』X-Knowledge，2021

単元プランの実際

第1時 (導入)	[中ネタで導入] ○教室の中から「工業製品」を探そう！ ○思い浮かぶ工業製品を出し合おう！ ○あなたは分けられる？　工業製品には種類があった！ [発問でまとめる] ○工業製品の進化により，私たちの生活は○○になった
第2時	[クイズで導入] ○2020年の日本の都道府県人口ランキングを当てよう！ ○140年前の人口ランキングを当てよう！ [中ネタで深める] ○日本の都道府県人口ランキングは，どうしてこんなに変わったの？
第3時	○説明せよ！　日本の工業は○○だ！

授業展開と発問例

🕐第1時

導入発問です。

発問 「教室の中から『工業製品』を探そう！」

あらゆるものが工業製品であることに気づかせます。そして範囲を広げて，

発問 「思い浮かぶ工業製品を出し合おう！」

と問います。もし個人のタブレットやパソコンがあるなら，そちらに列挙させた方がよいでしょう。次の発問に答えやすくなります。次に，

発問 「あなたは分けられる？　工業製品には種類があった！」

と問うてから教科書を読んだ後，改めて「工業製品の分類」の学習をさせるとよいでしょう。そして最後に，

発問 「工業製品の進化により，私たちの生活は○○になった」

とまとめましょう。

🕐第2時

導入発問です。

クイズ 「2020年の日本の都道府県人口ランキングを当てよう！」

と問うて，さっと答え合わせ。答えは，10位までで1位東京都，2位神奈川県，3位大阪府，4位愛知県，5位埼玉県，6位千葉県，7位兵庫県，8位北海道，9位福岡県，10位静岡県です。次に，

クイズ 「140年前の人口ランキングを当てよう！」

と問います。答えは1位石川県，2位新潟県，3位愛媛県，4位兵庫県，5位愛知県。子供たちには，「江戸時代が終わってちょっとたったころだよ」などと伝えると時代が少しイメージできるかもしれません。授業では意外性をもたせるために3位まででよいでしょう。そして，

発問 「日本の都道府県人口ランキングは，どうしてこんなに変わったの？」

と問うてから教科書を読んでいきます。理由は，「工業が発達し，いわゆる『太平洋ベルト』の人口が増え，工業の生産額も増えていったから」なのですが，「工場がたくさんつくられたから」「その地域で工業が発達したから」という主旨であればOKです。最後に，

発問 「日本の都道府県人口ランキングは，どうしてこんなに変わったの？」

と再度問うて考えさせましょう。資料として先述の「集団就職」のニュース映像を見せてもよいでしょう。

⏱第3時

単元のまとめの時間。

発問 「説明せよ！ 日本の工業は○○だ！」

と問うてから教科書を読んで，まとめさせます。前時の歴史の部分から「かつては……だったが，今は……だ」の型を示すと時間軸が，「○○地域では……が多く，△△地域では……が多い」の型を示せば分布が出てきます。ぜひ利用してください。

日本の工業生産の特ちょう

組　名前（　　　　　　　　　　）

✅ **問１　教室の中から「工業製品（せい）」を探そう！**

（空欄）

✅ **問２　あなたは分けられる？　工業製品には種類があった！**

機械工業 （機械が入っている 組み立てられたもの）	
金属工業（ぞく） （金属の形を変えたもの）	
化学工業 （原料を化学的に変化）	
食料品工業	
せんい工業	
その他	

✅ **問３　教科書や資料集を見て答えよう。**

①原料を加工してくらしに必要な物をつくる産業を　工業　　農業　という。

②工業はいくつかの種類に分類　できる　　できない　。

✅ **問４　「工業製品の進化により，わたしたちの生活は○○になった」とまとめよう。**

工業製品の進化により，わたしたちの生活は

になった。

✅ 問5　2020年の日本の都道府県人口ランキングを当てよう！

１位：＿＿＿＿＿＿＿＿　　2位：＿＿＿＿＿＿＿＿　　3位：＿＿＿＿＿＿＿＿

✅ 問6　140年前の人口ランキングを当てよう！

１位：＿＿＿＿＿＿＿＿　　2位：＿＿＿＿＿＿＿＿　　3位：＿＿＿＿＿＿＿＿

✅ 問7　日本の都道府県人口ランキングは，どうしてこんなに変わったの？
（予想しよう）

から。

✅ 問8　教科書や資料集を見て答えよう。

①日本の工業の生産額は，1930年代は　せんい　　食料品　が１位だったが，
1960年代から現在は　機械　　せんい　が１位である。

②工業のさかんな場所は　太平洋側　　日本海側　の　山ぞい　　海ぞい
に多い。この地域を　太平洋ベルト　　日本海ベルト　ということがある。

③大阪府や兵庫県をふくむ工業地帯を　阪神　　瀬戸内　工業地帯という。

④日本の工業地域の中で生産額が１位なのは　中京　　京浜　工業地帯であ
る。ここでは主に　車　　テレビ　をつくっている。

⑤日本では　大工場数　　中小工場数　の割合が約99％である。

⑥生産額は　大工場　　中小工場　のほうが多い。

✅ 問9　日本の都道府県人口ランキングは，どうしてこんなに変わったの？
（今日の学習をふり返って書こう）

から。

✅ 問10　説明せよ！　日本の工業は〇〇だ！

かつては　　　　　　　　　　　　　　　　　　　　　だったが，
今は　　　　　　　　　　　　　　　　　　　　　　　　　　だ。

＿＿＿＿工業地帯（地域）では＿＿＿＿＿＿＿＿＿＿が多く，
＿＿＿＿工業地帯（地域）では＿＿＿＿＿＿＿＿＿＿が多い。

授業をもっと楽しくする +α ネタ

2009年，富山県滑川市の「滑川市の歌」の歌詞が一部変更になった！ その理由とは？

　これは歌詞に「裏日本」という言葉が入っていたから。これをネガティブに捉え，変更したといわれています。ここで注目したいのは，「裏日本」という言葉です。昨今この「裏日本」という言葉は全く聞かなくなりました。この言葉は差別的な意味ではなく，明治以降に国の中心の東京を「表」として見た場合に日本海側が「裏」になるという，かつての価値観を示しています。それは近代日本の海外とのつながりの変化，そして工業化と人口の集中との関係が深いと考えられます。ですが，「裏日本」という表現は「差別的」という指摘を受けて現在はメディアなどでは「日本海側」と言い換えられています。とはいえ，「○○工業地帯」の分布や新幹線の建設順序，そして現在のリニア新幹線の計画からも分かるように，太平洋側に重心を置いた国家政策というのは現在まで影響があるといえるでしょう。

工業に関するランキングを見てみよう!!

　ここで少し，まずは日本企業の製造業の時価総額ランキングを見てみましょう（日本経済新聞2024年2月29日）。1位トヨタ（自動車），2位東京エレクトロン（製造用機械・電気機械），3位キーエンス（半導体・電子部品），4位ソニーグループ（総合電機）……と続きます。家電製品のメーカーが入っていないのが私の世代としては「時がたったな」という感覚です。では次に都道府県別の工業出荷額ランキングを見てみます（2020年）。1位愛知県，2位神奈川県，3位静岡県，4位大阪府，5位兵庫県……と続きます。ダントツで1位を守り続けているのは愛知県。当然トヨタがあるから。東京都が入らないことを意外に思うかもしれません。ちなみに東京都は16位で，14位滋賀県，15位岡山県の下になります。

町工場で日本を元気に！ 朝ドラの舞台にもなった町

　大阪の工業の特徴は「小さな町工場が多い」ということ（詳しくは後述の単元で学習してください）。さて，そんな中，東大阪市では「こーばへ行こう！」というイベントが毎年開かれます。中心となっている社長さんは，「工場に人が来ないというけど，工場が開いてないねんからしゃーないやろ。それならみんなに開かれた仕事にしよう」ということで町工場を開放し，モノづくり体験や工場見学ツアーなどを企画して大変な盛り上がりを見せています。年々参加企業数も増えており，行政を巻き込む秋の一大イベントになっています。中には，東大阪の町工場が修学旅行の体験コースに入るなど，これまでとは違う形で工業が注目されつつあるのかもしれません。皆さんもぜひ，ご参加ください!!

参考資料　（2023年10月22日最終閲覧）
○日本経済新聞｜時価総額上位ランキング
　（https://www.nikkei.com/markets/ranking/page/?bd=caphigh）
○経済産業省｜工業統計調査 2020年確報
　（https://www.meti.go.jp/statistics/tyo/kougyo/result-2/r02/kakuho/sangyo/index.html）

01-2 日本の自動車産業 —アフリカで一番聞く日本語の謎とは？—

　現在，企業時価総額ランキングの常連で，日本のトップ企業といえばトヨタです。トヨタをはじめとする自動車産業に従事する人は推計544万人で，2021年，日本で働く人の12人に１人。自動車製造業の製造品出荷額は約56兆円，全製造業の約２割。輸出額全体の約２割は自動車。まさに日本の産業の花形です。そんな自動車産業を通して，日本の工業の今を捉えましょう。

ここで使える！ネタ一覧

中ネタ：市の名前が変更される!? 挙母市の運命やいかに！

：SNS やテレビで話題！ アフリカで一番聞く日本語とは？

：タローラづくりで学ぼう！ トヨタ生産方式とは？

：日本とマレーシアの車のエアコンの違い，日本とアメリカの車のヘッドライトの違いとは？

：大人気となった車「ブルーバード ファンシーDx」，その驚きの装備とは？

市の名前が変更される!? 挙母市の運命やいかに！

　挙母市は1951（昭和26）年に誕生しました。まちはお祝いムードに包まれ，祝賀行事が約１週間行われました（NHK の動画でその様子を確認してみてください）。ところが，市名変更の要望が出て，1958年の世論調査の結果は変更賛成が68％，反対が18％。そして市議会の可決，愛知県の許可を経て1959年に市名を「豊田市」に変更しました。地名として「ダイハツ町」「松下町」（大阪府），「スバル町」（群馬県）は存在しますが，企業名が市の名前

になっているのはこの「豊田市」だけ。日本最大の企業の一つであるトヨタの力を証明する逸話ともいえます。現在，愛知県で2位の人口で，市内の製造業で働く約9割が自動車関連産業に従事しています。

SNSやテレビで話題！ アフリカで一番聞く日本語とは？

　皆さんは「アフリカで一番聞く日本語」といわれたら何と答えますか？実は「ETCカードが挿入されていません」だというSNSの投稿が話題になりました。これはマラウイ共和国というアフリカ中部の国に住む方の投稿で，テレビやラジオでも話題になりました。もちろん，これは統計などに基づくものではありませんが，現地の声として紹介するのは面白いでしょう。ではなぜこの言葉がそんなに聞こえてくるのか？ それは，「日本の中古車（特にトヨタ）が現地で大人気だから」だそう。遠いアフリカの国だけではなく，世界トップの売り上げを誇る日本車，その人気の秘密を探ることを前半の学習の軸として授業を組み立てるとよいでしょう。

タローラづくりで学ぼう！ トヨタ生産方式とは？

　タローラ実践は西川満氏によって考案されました。これは，子供たちに分業のシステムを理解させるのに有効な実践として有名です（詳細は後述の参考URLでご確認ください）。第2時に通常の実践を行った後，第3時にトヨタ生産方式を学び，実感させます。トヨタ生産方式とは，トヨタが世界に広めた「必要なモノを，必要なときに，必要な分だけ届ける」というシステムです。これを，わざと不良部品を入れたり，わざと遅れるようにトラブルを起こしたり，わざと部品によって量の差をつけたりします。この学習を通して，「必要なモノを，必要なときに，必要な分だけ届ける」ために必要なことを考えさせ，自動車部品がつくられる際の工夫に気づかせたいところです。

日本とマレーシアの車のエアコンの違い，日本とアメリカの車のヘッドライトの違いとは？

　私がマレーシアで乗っていた「ALZA」という車には暖房がありませんでした。もちろん，すべての車種を確認したわけではありませんが，これはマレーシアが熱帯地域だからだと考えられます。また，日本で生産された車のヘッドライトは若干左を向いており，アメリカは右です。日本では左走行，アメリカでは右走行だから対向車がまぶしくないようにといわれています。これは，その地域によって必要とされる機能は異なることを示唆しており，コストカットだけではない「現地生産」の強みを捉えるよい例になるのです。

大人気となった車「ブルーバード　ファンシーDx」，その驚きの装備とは？

　1961年，世界初のある車が発売されました。それが，「ブルーバード　ファンシーDx」です。この車は，助手席のサンバイザー内蔵の化粧ポーチ，一輪挿し，ウインカーをつけるとオルゴールが流れる……等，女性向けを謳った乗用車だったのです。現在では，性別で分けるというのはナンセンスですが，当時は車といえば男性の運転するもの。この「女性向け」というコンセプトは評判を呼び，高い売り上げを誇りました。この出来事をヒントに，「今の時代，必要とされる車とは？」という問いを行うとよいでしょう。そうすると，車の性能ばかりに目が行きがちな工業の学習において，「消費者ニーズに応じた車の時代」と，まさにこれからの社会が必要とする移動手段（モビリティ）としての車の姿が子供たちによって描き出されることになるのです。

参考文献・資料 （Webサイトは2023年10月22日最終閲覧）
○大貫直次郎・志村昌彦『クルマでわかる！日本の現代史』光文社，2011
○豊田市郷土資料館編『自動車を愛した豊田英二』豊田市教育委員会，2014
○深尾幸生『EVのリアル』日経BP 日本経済新聞出版，2022

○井門正美「「ロールプレイングの四類型」による社会的役割体験の学習構想——社会科教育学の立場から」『シミュレーション＆ゲーミング』6巻1号，1996
○日本自動車工業会｜基幹産業としての自動車製造業
（https://www.jama.or.jp/statistics/facts/industry/）
○NHKアーカイブス｜ニュース／挙母市誕生　愛知〈時の話題〉
○豊田市HP｜クルマのまち（https://www.city.toyota.aichi.jp/shisei/profile/1029019/1004591.html）
○珠洲たのしい授業の会HP｜「タローラ」の生産能率を上げるには
（https://suzutano.com/tarora/）
○NHK BS1スペシャル｜"激変"復帰沖縄・一夜で車線が左右逆！（2023年6月22日放送）

単元プランの実際

第1時 （導入）	[中ネタで導入] ○市の名前が変更される!? 挙母市の運命やいかに！ [小ネタで突っ込む] ○豊田市の工場のうち，トヨタ関連で働く人の割合は85％!! なぜ多い？ ○大きな工場の近くに関連工場をたくさん集めるのはなぜ？
第2時	[中ネタで導入] ○SNSやテレビで話題！ アフリカで一番聞く日本語とは？ [中ネタで深める] ○タローラづくりで学ぼう！ やってみよう車づくり
第3時	[前時と同じ中ネタで条件を変えて導入] ○タローラづくりで学ぼう！ トヨタ生産方式とは？ [発問でまとめる] ○トヨタ生産方式で大切なのは○○だ！
第4時	[クイズで導入] ○車の輸出を支える「ギャング」。船の上での仕事は？ [中ネタで深める] ○日本とマレーシア，アメリカの車の違いとは？ [発問でまとめる] ○現地生産をするメリットは？
第5時	[中ネタで導入] ○1961年に誕生！ 大人気となった車「ブルーバード ファンシーDx」， 　その驚きの装備とは？ [発問で深める] ○あなたが欲しい車と，今の時代に求められる車とは？

工業

授業展開と発問例

🕐 第1時

[発問]「愛知県にかつてあった市，挙母市。市になったことで市民は8日間もお祝いを続けるほどの感動ぶり。しかしわずか8年後，市の名前が変更される!? 市民の半分以上が賛成し，変更された理由とは？」

A：市内で有名な企業ができたから

B：大きな事件が起こり，全国にマイナスイメージがついたから

C：市長が突然無理やり変えようとして，怖くなったから

　答えはA。変更後の名前は「豊田市」。これをヒントとしてもよいでしょう。ここではNHKの動画で挙母が市になった1951年のお祝いムードを紹介し，それにもかかわらず，わずか8年で名前が変わったことを知らせてから答え合わせをするとよいでしょう。

[発問]「豊田市の工場で働く人は約11万人。そのうち何％がトヨタで働いている人だろう？」

A：10%　B：45%　C：85%

　答えはC。2023年で9万6000人以上がトヨタで働いています。家族を合わせると，人口40万規模の市で膨大な数がトヨタ関係者ということになります。これは工場の規模もさることながら，関連工場を集めているということを捉えるための発問です。その後，教科書を読んで

[発問]「大きな工場の近くに関連工場をたくさん集めるのはなぜ？」

と尋ねましょう。今回は次時への布石です。「近くにあると便利」と，簡単に書かせるか，言葉で確認させるくらいでよいでしょう。

🕐 第2時

[クイズ]「SNSやテレビで話題！　アフリカで一番聞く日本語とは？」

　答えは「ETCカードが挿入されていません」。もちろん，詳細なデータに基づくものではないことは注意が必要ですが，先述の通り，日本車が外国でも人気があることやトヨタが世界1位の自動車会社であることも伝えるとよ

いでしょう。そして軽くでよいので，

発問 「どうして日本の車は世界で人気があるのだろう？」

と問うとよいでしょう。「壊れにくい」「性能がいい」などが簡単に出てくるとよいです。その後，

発問 「タローラづくりで学ぼう！ やってみよう車づくり」

まず１人でやってみます。番号順に貼っていくことを注意点として伝えます。簡単に感想を聞いた後，教科書を読んで，時間があれば「もっと早くつくる方法はないかな」などと問うてもよいでしょう。

🕐 第３時

いきなり作業から。（部品ごとのワークシートを用意しておきます。）

発問 「タローラづくりで学ぼう！ トヨタ生産方式とは？」

前時と違って今回はトヨタ生産方式のよさを実感させます。そこで，「本当の車って１つの工場で１から組み立てるの？」と尋ねてみましょう。おそらく「違う！」と返ってくるでしょう。そこで部品ごとに分けて印刷したタローラを用意します。教師は点検役，もしくは客役で，完成したと持ってきたタローラに合否を出す役割をします。そして班で役割分担。①部品Ａをひたすらつくる ②部品Ｂをひたすらつくる ③組み立てる の中から役割を決めます。人数はクラスに応じて変更してください。ルールは，

・２分ごとに時間を区切り，その間は役割を変えてはいけない

・２分ごとに班で１枚「トラブルカード」（巻末参照）を引く

というもの。面白いのは，いくつかの班はハサミでなく手で部品を破くなどして作成を実行しようとするところ。その場合客役の教師は品質に苦情を言うとよいでしょう。最後に，

発問 「世界を変えたトヨタ生産方式，『必要なモノを，必要なときに，必要な分だけ届ける』ために大切なことは？」

と尋ねてから教科書を読み，その後もう一度問いに戻ってまとめとしましょう。そして関連工場の位置や品質の管理などの重要性に気づかせましょう。

🕐 第4時

　クイズで導入します。

(クイズ)「車の輸出を支える『ギャング』。船の上での仕事は？」

　これは「車を船に積む」。動画でその神業を確認してもよいでしょう。

(発問)「日本とマレーシアの車のエアコンの違い，日本とアメリカの車のヘッドライトの違いとは？」

　これは，マレーシア産の車は暖房がない，アメリカ産の車はヘッドライトが少し右を向いているということ。車はその国の法律や人々の願いに合わせてつくられることに気づけばよいでしょう。そして教科書を読み，最後に，

(発問)「現地生産をするメリットは何だろう？（日本のメリット，現地の国のメリットに分けて考えよう）」

と問います。「現地生産ではその国の人用のつくりができる」ことが重要です。

🕐 第5時

(クイズ)「1961年に誕生！　大人気となった車『ブルーバード　ファンシーDx』，その驚きの装備とは？」

　答えは，「一輪挿しがついている」「傘立て／コートハンガー／ハイヒールスタンドがついている」「助手席のサンバイザーに化粧ポーチがついている」「ウインカーをつけるとオルゴールが流れる」「車の色がかわいいレモンクリーム系とピンク系で，ホイールも同じ色」。続けて，

(発問)「実はこの車，当時ほぼなかった『○○向けの車』。○○に入るのは？」

　答えは「女性」。ここで教科書を確認して，これからはブルーバード　ファンシーDx のように，使う人のニーズと社会のニーズに対応することが車づくりにとって大切であることを確認します。最後に，

(発問)「あなたが欲しい車と，今の時代に求められる車とは？」

と聞いて，使う人代表の自分と，社会のニーズを分けて考えさせて単元のまとめとしましょう。

日本の自動車産業

組　名前（　　　　　　　　　　　）

☑問1　愛知県にかつてあった市，挙母市。市になったことで市民は8日間もお祝いを続けるほどの感動ぶり。しかしわずか8年後，市の名前が変こうされる!? 市民の半分以上が賛成し，変こうされた理由とは？
（○をしよう）

A：市内で有名な企業ができたから

B：大きな事件が起こり，全国にマイナスイメージがついたから

C：市長がとつぜん無理やり変えようとして，こわくなったから

☑問2　豊田市の工場で働く人は約11万人。そのうち何%がトヨタで働いている人だろう？

A：10%　B：45%　C：85%

☑問3　なぜこんなに多い？

A：トヨタの超巨大な工場があるから

B：トヨタの部品をつくる工場がたくさん集まっているから

C：世界一にもかかわらず，トヨタの工場は豊田市にしかないから

☑問4　教科書や資料集を見て答えよう。

①日本の輸送用機械（自動車など）の生産額が一番多い都道府県は

　　愛知県　　福岡県　である。

②豊田市などの大きな自動車工場のまわりには，　関連　食品　工場がたくさんある。

☑問5　大きな工場の近くに関連工場をたくさん集めるのはなぜ？

から。

☑️**問6　SNSやテレビで話題！　アフリカで一番聞く日本語とは？**

（記入欄）

☑️**問7　どうして日本の車は世界で人気があるのだろう？**

日本の車は、　　　　　　　　　　　　　　　　　　　　　　　から。

★タローラづくりで学ぼう！　やってみよう車づくり

☑️**問8　教科書や資料集を見て答えよう。**

①組み立て工場では、消費者の注文に合わせてちがう種類、ちがう部品を使う自動車を　複数の流れ　　一つの流れ　の中でつくっている。

②工場では、プレスした部品を　ロボット　　人の手　を使って電気などの熱でつなぎ合わせて車体をつくる。

③組み立てでは、　ライン　　車の道　とよばれるコンベヤーで流れてくる車体にエンジン、タイヤ、シートなどが取りつけられる。

④　指示ビラ（注文票）　　説明書　を確認しながら、正確に自動車がつくられる。

⑤部品を余らせないように、１台の自動車に必要な部品を　あらかじめ　　その場で　箱に入れている。

⑥完成したら、不具合がないかの点検では　人の目　　犬の鼻　が活やくする。

★時間があればやってみよう！

タローラづくり、どうすればもっと効率よくつくれるか？　コツを見つけよう。

（記入欄）

★タローラづくりで学ぼう！　トヨタ生産方式とは？

今日のタローラづくりにはルールがあります。まずは役割分担（わりぶんたん）。

①部品Aをひたすらつくる。　＿＿＿＿＿＿＿　＿＿＿＿＿＿＿　＿＿＿＿＿＿＿

②部品Bをひたすらつくる。　＿＿＿＿＿＿＿　＿＿＿＿＿＿＿　＿＿＿＿＿＿＿

③組み立てる。　　　　　　　＿＿＿＿＿＿＿　＿＿＿＿＿＿＿　＿＿＿＿＿＿＿

―――今日のルール―――

①2分ごとに時間を区切る。2分のとちゅうで役割を変えてはいけない。

②2分ごとに班（はん）で1枚（まい）「トラブルカード」を引く。

③先生（点検役，客）に合格（ごうかく）をもらうと完成！　　→16分で何台つくれるか？

✅ **問9　世界を変えたトヨタ生産方式，「必要なモノを，必要なときに，必要な分だけとどける」ために大切なことは？**

✅ **問10　教科書や資料集を見て答えよう。**

①シートやハンドルなど，部品をつくる工場は　<u>組み立て</u>　<u>関連</u>　工場とよばれており，自動車組み立て工場のまわりにたくさんある。

②例えば，シートを出荷するときは，<u>組み立て工場で組み立てる車種の順に</u>　<u>同じ種類をまとめて</u>　出荷している。

③関連工場からの部品の出荷は，<u>組み立て工場の作業時間に合わせて</u>いつも<u>同時刻（こく）に</u>　とどけられる。これをジャストインタイムという。

④自動車工場は，部品をつくる工場や，部品の細かい部品をつくる工場など，関連工場が　<u>いくつもの層（そう）</u>　<u>横一列</u>　になっている。

⑤災害（さい）などで1つの部品でも出荷が止まると，自動車の組み立てが<u>できなくなる</u>　<u>その部品を抜（ぬ）きで行われる</u>　ことがある。

✅ **問11　車の輸出（海外に運んで売る）を支（ささ）える「ギャング」。船の上での仕事は？**

ヒント動画→

A：どろぼうたちをやっつける　　B：車を船に積む　　C：車をうばう

☑**問12　日本とマレーシアの車のエアコンのちがい，日本とアメリカの車のヘッドライトのちがいとは？**

　マレーシア　　A：エアコンがない　　B：暖房（だんぼう）がない　　C：風量（きょう）が強しかない

　アメリカ　　　A：少し右を向いている　　B：日本より明るい

　　　　　　　　C：とにかく大きい

☑**問13　教科書や資料集を見て答えよう。**

①自動車は鉄やアルミニウムなど，<u>　世界中　　アジア地域（いき）</u>　から輸入した
　原料を使ってつくられている。

②原料は主に<u>　船　　飛行機　</u>で輸入されているので，組み立て工場は輸送
　に便利な海の近くや<u>　山　　高速道路　</u>の近くにあることが多い。

③完成した自動車はトラック輸送で販売店（はんばい）に運ばれるが，国内の遠くの地域
　や海外へは<u>　船　　飛行機　</u>で運ばれ，販売店に近い港で再び
　<u>　飛行機　　トラック　</u>に積みかえて運ぶ（トラックはキャリアカーと
　も）。

④災害などで1つの部品でも出荷が止まると，自動車の組み立てが
　<u>　できなくなる　　その部品を抜きで行われる　</u>ことがある。

⑤日本でつくられた自動車は，<u>　世界各国　　日本だけ　</u>で販売されている。

⑥日本の自動車会社は海外に工場を<u>　たくさん　　わずかのみ　</u>持っている。

⑦現地で生産すると，<u>　日本　　それぞれの国に住む人　</u>のくらしや好みに
　合わせて自動車をつくり，早くとどけることができる。

☑**問14　現地生産をするメリットは何だろう？**
　（日本のメリット，現地の国のメリットに分けて考えよう）

日本のメリット

現地の国のメリット

✓問15　1961年に誕生！大人気となった車「ブルーバード ファンシー Dx」，そのおどろきの装備とは？

　　A：一輪ざしがついている　　B：かさ立てがついている

　　C：助手席のサンバイザーにけしょうポーチがついている

　　D：ウインカーをつけるとオルゴールが流れる

　　E：コートハンガーがついている　　F：ハイヒールスタンドがついている

　　G：車の色がかわいいレモンクリーム系とピンク系で，ホイールも同じ色

✓問16　実はこの車，当時ほぼなかった「○○向けの車」。

　　○○に入るのは？　　　　　　　　　　　　　　　　　　　向けの車

✓問17　教科書や資料集を見て答えよう。

①自動車会社は，新しい　技術　　能力　を生み出し，走行時に排出ガスの出ない燃料電池自動車や　電気　　ハイブリッド　自動車の開発を進めている。

②自動車の古い部品を　迷わずすてる　　リサイクルする　など，環境に配慮した自動車づくりが必要とされている。

③利用者のニーズに合わせた自動車が開発されて　いる　　いない　。

✓問18　あなたがほしい車と，今の時代に求められる車とは？

あなた

今の時代

01-3　日本の工業生産と運輸
―「三菱は国家なり」といえるまでに 大きくなれたわけ―

　運輸の学習を行うとき，どうしても工業とセットの場合が多くなります。これは学習指導要領上仕方がないことなのですが，本来「輸送・運輸」は独立して学ぶほど国にとって重要な産業です。いくら工業がさかんでも運輸がストップしてしまうと全く意味がなくなります。最近のネット通販の隆盛もこれがあってこそ。ここでは小ネタを並べて，そんな運輸のはたらきについて主に工業を例に学びましょう。

ここで使える！ネタ一覧

小ネタ：「三菱は国家なり！」そんな三菱の最初の商売とは？

　　　　：ものが届かない!? 今まさに起こっている2024年問題とは？

　　　　：「アメリカがくしゃみをすると日本が風邪をひく」の意味とは？

　　　　：日本の輸入・輸出ランキング!! 食べ物編・工業製品編・国編

「三菱は国家なり！」そんな三菱の最初の商売とは？

　さて，突然ですが日本一の企業グループとして有名なのは？といわれて何と答えるでしょうか。この時点では，きっと子供たちは「トヨタ！」と答えるでしょう。しかし忘れてはならないのが「三菱グループ」です。現在でも三菱の名前がつく企業の他にも「キリン」「明治安田生命」「AGC」など，名前を聞いたことがある企業は盛りだくさんでしょう。現在，日本を代表するオフィス街である丸の内は別名「三菱村」とも呼ばれ，今もその力が健在であることを物語っています。さて，そんな三菱は自らを「三菱は国家なり」と称していました。これは「三菱は国家のために」という意味なのです

が，当然力がなければそんな言葉もむなしいだけ。かつての三菱にはそれほどの力がありました。そんな三菱のスタートは海運業でした。ここで儲けた三菱は，その後超巨大企業として成長していくのです。

ものが届かない!? 今まさに起こっている2024年問題とは？

　2024年の運輸業界の最大のトピックといえば「2024年問題」です。これは，日本の運輸の半分以上を占めるトラックなど自動車による輸送と，その運転手が不足するという問題です。現在の運輸はトラックの運転手の方々の長時間労働のもとに成り立っている，いわば不自然な状態です。トヨタのジャストインタイムも，Amazon の商品が早ければ注文したその日に届くのも，消費者の我々からすれば素晴らしいシステムですが，運輸業の方からすればどうでしょう。ここまで深く考えさせる必要はないかもしれませんが，ここでは「自動車による輸送が（重量ベースでは）一番多い」ということを押さえておきましょう。

「アメリカがくしゃみをすると日本が風邪をひく」の意味とは？

　かつて日本の最大の貿易相手国といえばアメリカでした。そんな状態でアメリカがくしゃみをする（アメリカの景気が悪くなる）と，日本はアメリカにものを買ってもらえなくなります。そうすると日本の企業が大きなダメージを受ける（風邪をひく）。というのがその意味です。もっとも，現在は中国に取って代わられました。しかし，現在はより多くの国とのつながりが強くなっています。つまり，他国との経済的なつながりはますます重要になってきています。このネタをきっかけに，日本がいかに他の国との結びつきを必要としているかを考えさせていきたいところです。

参考文献・資料 （Web サイトは2023年10月20日最終閲覧）

○ロジ・ソリューション株式会社『図解即戦力　物流業界のしくみとビジネスがこれ1冊でしっかりわかる教科書』技術評論社，2021

○大泉啓一郎『新貿易立国論』文藝春秋，2018

○東京生活.com｜三菱村の再開発と大手町のオフィス街を歩く

（http://www.tokyoseikatsu.com/town_tokyo/business/marunouchi/post-85.php）

○日本経済新聞｜クロネコも悲鳴，物流「2024年問題」を超速解説

（https://www.nikkei.com/live/event/EVT230620001/live）

○ビジネス＋IT｜物流の2024年問題とは何か　（https://www.sbbit.jp/article/cont1/68543）

○農林水産省｜品目別貿易実績

（https://www.maff.go.jp/j/kokusai/kokusei/kaigai_nogyo/k_boeki_tokei/sina_betu.html）

○一般社団法人日本貿易会 JFTC きっずサイト　（https://www.jftc.or.jp/kids/）

単元プランの実際

第1時 （導入）	[小ネタで導入] ○日本最大級の企業グループ「三菱」，その最初の商売とは？ [小ネタで深める] ○今まさに起こっている2024年問題とは？「このままいくと2030年には，3つに1つの荷物が＿＿＿＿＿なる！」 [発問でまとめる] ○運輸方法で，最も優れているのはどれ？
第2時	[小ネタで導入・展開] ○「アメリカがくしゃみをすると日本が風邪をひく」の意味とは？ ○日本の輸入ランキング!! 食べ物編・工業製品編・国編 [発問で深める] ○日本にないものや，安いものが手に入る輸入はもっと増やすべき？
第3時	[小ネタで導入] ○日本の輸出ランキング!! 食べ物編・工業製品編・国編 ○かつては「アメリカがくしゃみをすると日本が風邪をひく」，では今は？ ○日本がこのまま輸出を増やしていくことに賛成？
第4時	○現在日本の貿易赤字の主な原因はエネルギー関連。さて，日本の輸入はこのままでよい？ それとも変えるべき？

授業展開と発問例

🕐 第1時

　まずはクイズから。

[クイズ]「『○○は国家なり！』日本の超有名企業の名前が入る。どこ？」
といきなり尋ねるところから始めます。子供たちには東京駅西側が「三菱村」と呼ばれていることも紹介し，参考 URL から東京駅を囲むように三菱関連企業のビルがあることを示してもよいでしょう。そして，

[発問]「この超巨大企業，最初の商売は何？」
と問います。答えは「運び屋」。初めは海運業でした。ここでは「ものができても運ぶ人がいないと意味がない」ことを説明しましょう。もし「トヨタは？」と聞かれたら，「繊維関係」と答えてあげてください。続いて，

[発問]「今まさに起こっている2024年問題とは？『このままいくと2030年には，3つに1つの荷物が＿＿＿＿＿なる！』」

　答えは，「運べなくなる」です。先述の2024年問題について触れ，日本の運輸が自動車に頼っていることや，かなり不自然な状態として再配達問題などを挙げてもよいでしょう。教科書を読み，最後に，

[発問]「運輸方法で，最も優れているのはどれ？」
と尋ねましょう。この問いは，それぞれの特徴を整理するための問いですので特に正解はありません。むしろ，それぞれが補い合っているのが現状です。速いし世界中に行けるけれど少量，高コストの飛行機？　大量輸送で海外にも行けるけれど遅い船？　全国どこへでも，小回りが利き，数も多い自動車？　選ばせると面白いですが，最後は，「じゃあどれか1つだけになってもいい？」と聞いて「それぞれのよさがある」ことに気づかせましょう。

🕐 第2時

　本時は「輸入」での世界とのつながりについての学習です。いきなり発問から。

[発問]「かつて『アメリカがくしゃみをすると日本が風邪をひく』といわれ

ていた。さて，これはどういう意味？」

と問います。これは，「アメリカの景気が悪くなれば日本のものを買ってもらえず，日本の景気も悪くなる」ということ。続いてクイズです。

クイズ 「日本の輸入ランキング!! 食べ物編・工業製品編・国編」

を行います。答えは，1位から順に

食べ物編：とうもろこし→たばこ→豚肉→牛肉→製材（2022年）

工業製品編：原油など石油→液化天然ガス→医薬品→半導体等電子部品→通信機（2021年）

国編：中国→アメリカ→オーストラリア→台湾→韓国（2021年）

　その後教科書を読み，

発問 「『日本にないものや，安いものが手に入る輸入はもっと増やすべき』に賛成？ 反対？」

と問いましょう。ここでは日本の輸入の特徴をつかませたいところです。予想されるものといえば「輸入に頼らず，自分で取り寄せればいい」などが出てくるかもしれませんが，これも「輸入」であることに注意しましょう。もし反対意見が出てこなければ，「安いものが入ってくると困る人はどんな人？」と立ち止まることも大事です。「日本のお金が海外に出ていく」などが出ても面白いですね。

🕒 第3時

　今回は「輸出」に焦点を当てた世界とのつながり。ランキングクイズから。

クイズ 「日本の輸出ランキング!! 食べ物編・工業製品編・国編」

食べ物編：アルコール飲料→ホタテ→牛肉→ソース類→清涼飲料水（2022年）

工業製品編：自動車→半導体等電子部品→鉄鋼→自動車部品→半導体等製造装置（2021年）

国編：中国→アメリカ→台湾→韓国→香港（2021年）

　答え合わせをしてから教科書を読みましょう。次に，

発問 「かつては『アメリカがくしゃみをすると日本が風邪をひく』，では今

は？」

と問います。混乱しないように，「〇〇が不景気になると，日本のものを買ってもらえなくなる，つまり，輸出相手だよ」とここでは補足してもよいでしょう。アメリカ一辺倒ではなく，世界の，より多くの国とかつてよりもバランスがとれていると見えるかもしれません。そして最後は，

発問　「『日本はこのままどんどん輸出を増やしていくべき』に賛成？　反対？」

とまとめていきます。これは，「日本にとって」の視点から，「日本の輸出の特徴」に注目したいところです。しかしそれだけではなく，「相手国にとって」という視点ももっと深まります。日本にとってはもちろん「お金が手に入ること」が一番。そして，相手国にとってはそのモノだけでなく，「技術」なども手に入ります。また，2023年にホタテの輸出先が問題になったように，1つの国だけに輸出を頼っていると，その国との関係に変化があった場合すべてその産業に影響してしまうことも忘れてはいけません。

🕐第4時

単元のまとめです。

発問　「現在日本の貿易赤字の主な原因はエネルギー関連の輸入。さて，日本の輸入はこのままでよい？　それとも変えるべき？」

と問います。教科書には「再生可能エネルギー」が書かれていますが，これらに頼ると現在以上にコストがかかることは明白です。さて，それでも子供たちは再生可能エネルギーを選ぶのか？　この問いは保護者や他の先生など，大人を巻き込んで話し合っても面白いでしょう。

日本の工業生産と運輸

組　名前（　　　　　　　　）

✓ **問１**　「○○は国家なり！」日本の超有名企業の名前が入る。どこ？

　　　　　　　　　　　　　　　　　　　　は国家なり！

✓ **問２**　問１の答えの超巨大企業，最初の商売は何？（○をしよう）

　A：自動車製造　B：せんい関係　C：運び屋　D：カフェ

✓ **問３**　今まさに起こっている2024年問題とは？「このままいくと2030年には，３つに１つの荷物が　　　　　　なる！」さてどうなる？

✓ **問４**　教科書や資料集を見て答えよう。

①日本で貿易額が最も大きい港は　成田国際空港　横浜港　名古屋港　。これは，飛行機では　重く　軽く　て　高価な　安い　ものを運ぶから。

②2023年，最も多い量（重さ）の貨物を輸送しているのは　飛行機　自動車　。

③工場でつくられる製品は，トラックや船，飛行機など，　いろいろな方法を組み合わせて　１つの方法を選んで　運ばれている。

④鉄道や道路などの交通網が　全国各地に　都市部だけに　広がっている。

⑤人やものを運ぶ　運輸　宅配便　のはたらきは，日本の工業生産を支えており，地域どうしや国どうしを　対立させて　つないで　いる。

✓ **問５**　運輸方法で，最もすぐれているのはどれ？

　　　　　　　　　　　自動車　　飛行機　　鉄道　　船

理由

問6　かつて「アメリカがくしゃみをすると日本がかぜをひく」といわれていた。さて，これはどういう意味？

問7　日本の輸入ランキング!!　１位から順位を予想しよう！

①食べ物編（へん）（2022年，金額）

　ア：とうもろこし　イ：ぶた肉　ウ：製材　エ：牛肉　オ：たばこ

_____ → _____ → _____ → _____ → _____

②工業製品編（2021年，金額）

　ア：液化（えき）天然ガス　イ：半導（どう）体等電子部品　ウ：原油など石油

　エ：医薬品　オ：通信機

_____ → _____ → _____ → _____ → _____

③国編（2021年）

　ア：中国　イ：韓国（かん）　ウ：台湾（たいわん）　エ：オーストラリア　オ：アメリカ

_____ → _____ → _____ → _____ → _____

問8　教科書や資料集を見て答えよう。

①日本の工業にとって，国どうしの商品の売買である　買い物　　貿易　は

　欠かせない。

②石油は，サウジアラビアや　アラブ首長国連邦（ぼう）　　中国　から多く輸入し

　ている。これは日本ではほとんどとれないからである。

③鉄鉱石はオーストラリアや　ウルグアイ　　ブラジル　からの輸入が中心。（こう）

④日本はエネルギー資源のほとんどを　自分で生産（げん）　　輸入　している。

⑤現在，輸入で一番多いのは　機械類　　化学製品　である。そして，輸入

　額はどんどん　増加（ぞう）　　減少（げん）　している。

**問9　「日本にないものや，安いものが手に入る輸入はもっと増やすべ（ふ）
き」に賛成？　反対？（さんせい）**

賛成　　反対

✅ **問10　日本の輸出ランキング!!　1位から順位を予想しよう！**

①食べ物編（2022年，金額）

　　ア：ホタテ　イ：ソース類　ウ：清涼飲料水

　　エ：アルコール飲料　オ：牛肉

＿＿＿＿＿＿　→　＿＿＿＿＿＿　→　＿＿＿＿＿＿　→　＿＿＿＿＿＿　→　＿＿＿＿＿＿

②工業製品編（2021年，金額）

　　ア：半導体等電子部品　イ：鉄鋼　ウ：半導体等製造装置

　　エ：自動車　オ：自動車部品

＿＿＿＿＿＿　→　＿＿＿＿＿＿　→　＿＿＿＿＿＿　→　＿＿＿＿＿＿　→　＿＿＿＿＿＿

③国編（2021年）

　　ア：香港　イ：台湾　ウ：アメリカ　エ：韓国　オ：中国

＿＿＿＿＿＿　→　＿＿＿＿＿＿　→　＿＿＿＿＿＿　→　＿＿＿＿＿＿　→　＿＿＿＿＿＿

✅ **問11　教科書や資料集を見て答えよう。**

①自動車の輸出は，アメリカや　タイ　　オーストラリア　が多い。

②1960年代まではせんいが輸出の主役だったが，70年代からは，

　　機械類　　鉄鋼　が1位である。

③輸出額はどんどん　増加　　減少　している。

④日本は貿易を通じて　アジアの国のみ　　世界中の国　とつながっている。

✅ **問12　かつては「アメリカがくしゃみをすると日本がかぜをひく」，では今は？（輸出品を買ってもらえないとこまる国を書こう！）**

　　　現在は，＿＿＿＿＿＿＿＿＿＿がくしゃみをすると日本がかぜをひく。

✅ **問13　「日本はこのままどんどん輸出を増やしていくべき」に賛成？　反対？（輸出を増やすことはメリットばかりなのかを考えよう!!）**

賛成　　反対

☑問14　日本は現在「貿易赤字」が毎年数兆円もある（2022年では約20兆円）。この大きな原因は石油などのエネルギー関連の輸入だそう。これは発電を現在の火力から風力などの再生可能エネルギーに代え，車を EV に代えることで減らすことができる。しかし，電気代などの値段が上がるかもしれない。さて，日本の輸入はこのままでよい？ それとも変えるべき？ あなたはどちらだと考える？

［メリット］

①エネルギー関連の輸入が今のようにできなくなっても，自分たちで電気をつくれるようになるかもしれない

②環境にやさしい発電が主流になるかもしれない

③その他

［デメリット］

①電気代が上がる可能性がある

②電気代が上がると，ビニールハウスなどの温度管理のために食料生産にもえいきょうがある

③その他

　　わたしは，日本の輸入は現在のままで＿＿よい＿＿＿いけない＿＿と考える！

理由

01-4 これからの工業 ―どうやってメイドインジャパンブランドができたのか？―

　工業の学習の最後の単元です。戦後より日本の強みであった工業が今，転換期を迎えています。先述した通り，日本の企業が世界時価総額ランキング20位以内に入ることはなくなりました。そして他の産業と同じように後継者不足に悩まされています。今後の工業を考えることは今後の社会を考えることなのです。ここでは「どうやって現在の JAPAN ブランドができたのか」そして，「今後，工業はどうあるべきなのか」を考えていきましょう。

ここで使える！ネタ一覧

大ネタ：「メイドインジャパン」と「安かろう悪かろう」とは？

小ネタ：大田区に空から図面（設計図）を投げ込むとどうなる？

　　　　：日本の冬の味方，土鍋がピンチ！　その理由とは？

　　　　：世界第2位の自動車会社の CEO が衝撃発言！　一番のライバルは…

　　　　：日本に資源が眠っている!?　日本を救う「都市鉱山」とは？

「メイドインジャパン」と「安かろう悪かろう」とは？

　日本製品を表す言葉，「メイドインジャパン」といえば，特に大人には「高品質」の代名詞というイメージがあるでしょう。しかし，1960年代ごろは，日本製品を表す言葉といえば「安かろう悪かろう」でした。そこで，まず現在の「メイドインジャパン」のポジティブなイメージを紹介し，その後にかつての日本製品を表す「安かろう悪かろう」の言葉の意味を考えさせるのです。現在の「メイドインジャパン」のイメージにミスリードさせてから

なので多くの子は正しい意味を答えられません。ここから「どのように現在の『メイドインジャパン』のイメージができたのか」を考えさせましょう。

💡 大田区に空から図面（設計図）を投げ込むとどうなる？

大田区の HP によると，大田区には「空から図面を投げ込むと，どんなものでも翌日には見事な製品になって出てくる」という言い伝えがあるそうです。これは，大田区には世界に誇る高い技術をもつ工場がたくさんあることを表しています。ここから「仲間まわし」というつながりや，オンリーワンの技術をもつ代表としての大田区の工場について学習し，日本の発展を支えた技術とこれからの未来を考えることにつなげていきましょう。

💡 日本の冬の味方，土鍋がピンチ！　その理由とは？

世界の EV 化についてはニュースなどでご存知の方も多いでしょう。実は2023年，この EV 化のせいで土鍋の生産がピンチになっているという報道がありました。土鍋で使用するために輸入していた「ペタライト」という資源の鉱山を中国企業が買収し，日本向けの輸出がストップしたのです。実はこのペタライト，EV には絶対に欠かせないリチウムが含まれる資源なのです。このニュースは，「日本は資源を輸入に頼っている」ということを改めて認識させるきっかけとすることができるでしょう。

💡 世界第2位の自動車会社の CEO が衝撃発言！　一番のライバルは…

世界第1位の自動車会社はトヨタですが，第2位はドイツのフォルクスワーゲン社です。その CEO がインタビューの中で，「中国はいずれフォルクスワーゲンにとって脅威になりますか？」と日本人記者に聞かれて答えたことが，「すでに中国勢が一番の競合だ」というものでした。実際，中国の

BYD は恐ろしいスピードで EV の売り上げを伸ばしています。私がマレーシアで過ごしていたときも，すでに多くの家庭の家電は LG や SAMSUNG で，日本のものはほとんどありませんでした。さて，日本はどのように進んでいくのか，子供たちはまさに岐路に立たされる世代です。

💡 日本に資源が眠っている!? 日本を救う「都市鉱山」とは？

　リチウムだけではなく，日本は多くの原材料を輸入に頼っています。特に現在の世界で欠かせない資源が，「レアアース」と呼ばれる金属などの資源です。これらも現在のところ地下資源として日本で採れることはほとんどありません。しかし，「都市鉱山」としてなら別です。「都市鉱山」とは，「使用済みの家電，携帯電話，パソコンその他の製品から金属材料を回収し，再利用すること」です。この「都市鉱山」を含めると，日本は世界有数の資源国ともいわれています。京都の動物園では「ゴリラを守るためにスマホを集めています」という回収ボックスが置かれ，上々の反応のようです。この資源の利用に日本の未来がかかっているかも。

参考文献・資料　（Web サイトは2023年10月20日最終閲覧）
○大泉啓一郎『新貿易立国論』文藝春秋，2018
○深尾幸生『EV のリアル』日経 BP 日本経済新聞出版，2022
○平沼光『日本は世界1位の金属資源大国』講談社，2011
○ウェブ電通報｜1分で分かる海外消費者インサイト／Q7 Made in Japan の評価は？
　（https://dentsu-ho.com/articles/4455）
○大田区 HP｜輝け！大田のまち工場／大田区の工業
　（https://www.city.ota.tokyo.jp/sangyo/kogyo/ota_monodukuri/kagayake/）
　（https://www.city.ota.tokyo.jp/sangyo/kogyo/ota_monodukuri/kagayake/ota_ind.html）
○大田区産業振興課「ようこそ　ものづくり最先端 OTA へ」
　（https://www.city.ota.tokyo.jp/sangyo/richi_yuchi_kaigyo.files/panfujapan.pdf）
○ NHK｜おは Biz／原料の調達どうなる？「萬古焼」の土鍋
　（https://www3.nhk.or.jp/news/contents/ohabiz/articles/2023_1110.html）

単元プランの実際

第1時 （導入）	［大ネタで導入・展開］ ○「メイドインジャパン」と「安かろう悪かろう」とは？ ［小ネタで深める］ ○世界三大○○産地　イタリア，中国，日本（鯖江）。何の産地？ ［大ネタでまとめる］ ○どうやってメイドインジャパンのイメージは変わったの？
第2時	［小ネタで導入］ ○大田区に空から図面（設計図）を投げ込むとどうなる？ ［大ネタでまとめる］ ○どうやってメイドインジャパンは「質がいい」イメージになったの？
第3時	［小ネタで導入］ ○日本の土鍋がピンチ！　それはなぜ？ ［小ネタで展開］ ○世界第2位の自動車会社のCEOが衝撃発言！　一番のライバルは… ○日本に資源が眠っている!?　日本を救う「都市鉱山」とは？ ［発問でまとめる］ ○今後，日本の産業はどのように進んでいくべきか？

授業展開と発問例

🕐第1時

[発問]「『メイドインジャパン』といったらどんなイメージだろう？」
といきなり尋ねるところから始めます。子供からポジティブなイメージが出てこない場合は，先述のURL（ウェブ電通報）から「メイドインジャパンブランド調査」を見せてもよいでしょう。そのままミスリードしておいて，

[発問]「60年ほど前，『日本は世界の○○』と呼ばれていた。さて何？」
と問いましょう。これは，「世界の工場」。日本製品が世界に広がっていった時期です。

[発問]「そのころ，『メイドインジャパン』といえば『安かろう　○かろう』
と世界でいわれていた。さて何が入る？　また，どんな意味？」

　答えは，「悪」。意味は，「値段は安いけど質が悪い」という意味。このギャップを動機づけとします。続けて，

[発問]「どうやってメイドインジャパンのイメージは変わったの？」

と問いましょう。次時にもつながるとよいです。ここは予想で構いません。

　そして話が変わりますが，

発問 「世界三大○○産地。それはイタリア（ベッルーノ），中国（深圳），日本（鯖江）。さて，何の産地？」

と問います。これは「眼鏡」。一見関係ないようですが，「伝統」という点から日本の工業を見ていくためのクイズです。教科書を読んでもう一度，

発問 「どうやってメイドインジャパンのイメージは変わったの？」

と問うて本時のまとめとします。ここではもともとの伝統の技術が挙がるとよいでしょう。

🕐第2時

　ここはいきなりクイズからいきましょう。

クイズ 「大田区に空から図面（設計図）を投げ込むとどうなるといわれている？」

と尋ねて考えさせます。これはHPに載っている通り，「どんなものでも翌日には見事な製品になって出てくる」というもの。調べない限り完璧な正解のしようがないので，ある程度時間がたったら穴あきなどにしてヒントを与えてもよいでしょう。ちなみに，教科書で東大阪市が取り上げられている場合は，「歯ブラシから○○○○まで」というフレーズがあります。答えは「人工衛星」。こちらを使うとよいでしょう。そして，

発問 「これは，大田区がどんな地域だといいたいのだろう？」

と聞きます。「工業がとてもさかん」「すごい技術力がある」など，簡単に答えさせます。教科書を読む動機づけにするのです。そして教科書を読んだ後，

発問 「どうやってメイドインジャパンは『質がいい』イメージになったの？」

と問うて本時のまとめとします。ここでは大田区や東大阪市の技術が例として出てくるとよいでしょう。

◯第3時

発問 「2023年，日本の四日市の土鍋生産がピンチになった。このままでは土鍋が作れない！ それはなぜ？」

と問いましょう。これは「中国が材料の採れる山を買ってしまったから」。

そして，追加で，

発問 「中国はこの鉱山を，あるものをつくるために買った。さて何？」

答えはEV。正確には，EVに搭載するリチウム電池です。鉱山にリチウムも含まれていることが理由です。日本はリチウムを輸入に頼っているので，「資源がない」ことに触れるための発問です。次に，

発問 「世界第2位の自動車会社「フォルクスワーゲン」。その偉い人が衝撃発言！『すでに＿＿＿＿＿＿＿が一番の競合だ』さてどこの国？」

答えは中国。このように，日本は競争力の面でもかつてほどの勢いはないことに気づかせていきましょう。実際，現在自動車生産の1位は中国です。

教科書で日本の工業生産の課題を確認したところで，

発問 「10年ほど前，『都市鉱山』というものが日本で話題になった。『鉱山』とは『資源が採れるところ』。実は日本に貴重な金属などの資源が眠っていることが分かった。さてどこに？」

答えは，みんなの持っているスマートフォンなどの家電製品。軽く答えさせた後，実は家電製品には日本が輸入に頼る貴重な金属が含まれており，日本全体では相当な量になることを説明します。そして最後に，

発問 「今後，日本の産業はどのように進んでいくべきか？」

A：日本の工業を守り，発展させるために工業にお金を使っていく

B：工業ではなく，農業や漁業などにお金を使っていく

から立場を選ばせて理由を述べさせましょう。農・漁・工の単元まとめにふさわしいまとめです。それぞれの産業の現在の問題点，そこから導かれる現時点での子供たちの判断を見てみましょう。

これからの工業

組　名前（　　　　　　　　　　）

☑ **問1**　「メイドインジャパン」といったらどんなイメージだろう？

☑ **問2**　60年ほど前，「日本は世界の○○」とよばれていた。さて何？

（漢字2文字）　　　　　　　　　　　　日本は世界の＿＿＿＿＿

☑ **問3**　そのころ，「メイドインジャパン」といえば「安かろう ○かろう」と世界でいわれていた。さて，何が入る？ また，どんな意味？

（漢字1文字）　　　　　　　　　安かろう＿＿＿かろう

意味

☑ **問4**　どうやってメイドインジャパンのイメージは変わったの？
（予想しよう）

☑ **問5**　世界三大○○産地。それはイタリア（ベッルーノ），中国（深圳〈しんせん〉），日本（鯖江〈さばえ〉）。さて，何の産地？　　　　　　　　　　　　の産地

☑ **問6**　教科書や資料集を見て答えよう。

①日本では，＿＿伝統〈でんとう〉＿＿資源〈げん〉＿＿を生かした工業がさかんに行われている。

②伝統の，高い技術を生かした商品が世界で認〈みと〉められて＿いる＿＿＿いない＿＿。

☑ **問7**　どうやってメイドインジャパンのイメージは変わったの？

✅ **問8** 大田区に空から図面（設計図）を投げこむとどうなるといわれている？

✅ **問9** これは，大田区がどんな地域だといいたいのだろう？

✅ **問10** 教科書や資料集を見て答えよう。

①大田区には，世界でもここでしかできない
　<u>ナンバーワン　　オンリーワン</u> とよばれる高い <u>値段　　技術</u> をもった工場がある。

②その工場でしかできない「オンリーワン」の技術は，日本だけでなく外国でも評価されて <u>いない　　いる</u> 。

③大田区では，近くの工場が得意な技術を <u>じまんして　　持ち寄って</u> ，高い品質の製品を <u>協力して　　けんかして</u> 作っている。

④中小工場で働く人の数は，大工場よりも <u>多い　　少ない</u> 。

⑤日本の工場のほとんどは <u>大工場　　中小工場</u> である。

✅ **問11** どうやってメイドインジャパンは「質がいい」イメージになったの？

✅ **問12** 2023年，日本の四日市の土なべ生産がピンチになった。このままでは土なべが作れない！ それはなぜ？

✓ 問13　中国は問12の答えを，あるものをつくるために買った。さて何？

✓ 問14　世界第2位の自動車会社「フォルクスワーゲン」。そのえらい人がしょうげき発言！「すでに＿＿＿＿＿＿＿が一番の競合（ライバル）だ」さてどこの国？

✓ 問15　教科書や資料集を見て答えよう。

①資源にとぼしい日本は，工業生産に使う原材料（資源）やエネルギーを　自給　輸入　にたよっている。

②自動車も　国内生産　現地生産　が増えてきている。

③製造業で働く人の数が　増加　減少　してきている。

④工業でも環境に　配慮した　負担をかけた　取り組みを進めている。

　そのうえで新しい　技術や仕組み　品物や力　を発展させていくことが不可欠である。

✓ 問16　10年ほど前，「都市鉱山」というものが日本で話題になった。「鉱山」とは「資源が採れるところ」。実は日本に貴重な金属などの資源がねむっていることが分かった。さてどこに？

✓ 問17　今後，日本の産業はどのように進んでいくべきか？

　（〇をしよう）

　A：日本の工業を守り，発展させるために工業にお金を使っていく

　B：工業ではなく，農業や漁業などにお金を使っていく

理由

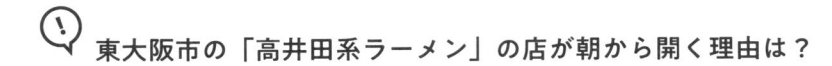

授業をもっと楽しくする+αネタ

⚠ 東大阪市の「高井田系ラーメン」の店が朝から開く理由は？

　大田区に並ぶ町工場が有名な地域といえば大阪府の東大阪市です。その東大阪市では「高井田系ラーメン」が有名です。実は「高井田系ラーメン」の店は朝から開いている店舗が多いのです。その理由は，「工場が多く，夜勤明けの労働者が朝からラーメンを食べたから」だそう。そんな東大阪市のHPには，「歯ブラシから人工衛星まで」と書かれています。隣の八尾市と合わせて，日本の歯ブラシの約5割を生産しています（近鉄八尾駅前には歯ブラシのモニュメントがあります）。では，人工衛星は？　かつてJAXAとのプロジェクトで東大阪市の中小工場が人工衛星の部品を製作・納入し，「まいど1号プロジェクト」として実際に人工衛星が打ち上げられました。これも日本の，そして東大阪市の中小工場の技術力の高さを物語っています。

⚠ 東大阪市ならではの習い事，「モノづくり教室」

　東大阪市にはユニークな企業がたくさんあります。その中でも面白いのが「MACHICOCO」という会社です。NHKの朝ドラ「舞いあがれ！」の主人公がつくった会社のモデルといったら分かるかもしれません。さて，この会社は社長自ら「うちは何をしてる会社っていえばええんやろ……？」と笑いながら話していた通り，モノづくりの会社でありながら「製造業対抗ミニ四駆大会」を主催するなど，様々な取り組みをしています。そんな取り組みの中で気になったのが，「モノづくり教室『リトルマイスター』」という習い事を主催していること。講師は町工場の現役職人。簡単なものから始まりますが，なんと小学生でもCADを使った設計や，溶接しての加工ができるようになるというのです。詳しくは次のHPで！

〇株式会社MACHICOCO｜【プレスリリース】本格モノづくりの習い事教室「リトルマイスター」の受講生を募集！（https://www.machicoco.co.jp/archives/25718）

02-1 わたしたちの身のまわりの情報
―この世は情報でできている!?―

　情報の学習は，現在最も求められているものといってもよいでしょう。その中で社会科のポイントは，あくまでも「社会の中の，『あれども見えず』に気づかせ，考える」ということです。この1つ目の単元では，「どのように情報が届けられるのか」ということ。テレビや新聞などのメディアを代表として学び，その仕組みを捉えることが中心となります。

ここで使える！ネタ一覧

大ネタ：「自由の女神」を見たことある？　この世は情報でできている!?

中ネタ：ごんぎつねニュースをつくろう！

　　　：ライオンが逃げ出した!?　情報のもつ力とは

　　　：なぜタダで見られるの!?　テレビ放送の謎

💡 **「自由の女神」を見たことある？　この世は情報でできている!?**

　「この世は情報でできている」といわれたら皆さんはどう感じるでしょうか。私も初めは「どういうこと？」と訝しく思いました。しかし，「では，実際に自由の女神を見たことある？」という問いに出合ったとき，「なるほど！」と納得がいったものでした。私たちは身のまわりのもの，ことについて，本やテレビ，ラジオ，新聞，そして最近ではSNSなどのメディア，他者との会話を通して情報を得ています。自分が経験したことのないもの，ことでも，情報として受け取ってあたかもそれを自分の経験のように捉えているのです。自由の女神を（少なくとも私は）実際に見たことはありません。本やテレビなどから得た情報のみ，私の中で存在しているのです。この現実

を子供たちと共有した後，「ではあなたたちはどんな手段（メディア）で情報を得ている？」と進めていけば，「情報」という言葉との距離はぐっと近くなります。

ごんぎつねニュースをつくろう！

　すでに国民的物語は「桃太郎」ではなく，「ごんぎつね」だという話を大学の授業で聞いたときは驚いたものですが，今は実感がわいています。桃太郎を詳しく知らなくても，ごんぎつねは大人を含めてほとんどの人たちが知っています。さてこのごんぎつね，いたずら好きのごんが自分のせいで兵十のおっかぁが死んでしまったと思い込み，償いをするという展開になっています。そして最後はごんが兵十に撃たれて死んでしまうという悲しい結末になります。ここでよく起こる誤読が，「本当にごんがうなぎを盗んだせいで兵十のおっかぁが死んだ。そしてそのことを兵十が恨んでいて鉄砲で撃った」というもの。本当はごんの思い込み（実際はごんと兵十が会話するところはなく，兵十が後世に言い伝えただけなので，ごんの行動はすべて兵十の想像ですが）で，償いもごんが勝手に悪いことをしたと思ってやっただけなのです。この誤読しやすい箇所を利用します。「ごんが撃たれた」という場面をニュースにさせるのです。そこでグループによって情報を変え，いくつかのグループには「先生からのヒント」として，兵十のコメントとしてウソの情報を混ぜます。例えば，「あのごんぎつねがうなぎを盗んだせいで，おっかぁは『うなぎを食べたい』と言ったまま死んでしまった」「ごんがいわしを投げ込んだせいでひどい目にあわされた」などです。これらは事実ではなく，実際にもとをたどって取材すればウソだと見抜けます。この活動を通して「ニュースづくりの手順」「ニュースで誤った情報を伝えないために必要なこと」などに気づかせ，まとめにつなげることができます。

ライオンが逃げ出した!? 情報のもつ力とは

　2016年の熊本地震。記憶にも新しい地震です。現在も復興途中であること
は忘れてはなりません。この地震の発生直後に「熊本の動物園からライオン
が逃げ出した」という情報が写真つきで SNS で広がり 2 万回以上拡散され，
熊本市動物園には問い合わせなどの電話が多数寄せられました。のちに発信
した人物は逮捕されますが，特に災害や大きな事件のときにはこのようなデ
マが拡散します。そして「よかれ」と思った自称「善人」がさらにそれを広
げていくのです。この事例から，「発信者としての自分」「受信者としての自
分」それぞれの立場で情報を扱うときに注意すべきことに気づかせることが
できます。

なぜタダで見られるの!? テレビ放送の謎

　テレビ離れがいわれて久しいですが，まだまだ存在感は圧倒的です。子育
て世代ではもちろん YouTube などの動画視聴もさかんですが，おかあさん
といっしょなどの番組や，アンパンマン，ドラえもんなどのアニメ，特撮も
のなどは幼い子たちの多くが必ずといっていいほど通る道です。さてこのテ
レビ番組，NHK を除いて基本的に無料で見られるという仕組みを子供たち
は知りません。そこで「NHK になくて，他のチャンネルにはあるもの」も
しくは，「おしりたんていの番組内になくてコナンにあるもの」「おさるのジョー
ジの番組内になくてドラえもんにあるもの」として問い，CM の存在に
気づかせるとよいでしょう。「CM すべてをしっかり見ている人？」と問い，
「CMって必要？」と問うてもよいでしょう。多くの子は「CM いらない！」
と答えます。子供によって YouTube などの方が身近でも，それらも途中で
CM が入る場合が多いので同様です。そして CM の役割に気づかせた後，
テレビに映っているものにはすべて意味があることを捉え，この単元のまと
めにつなげていきましょう。

参考文献・資料　（Web サイトは2023年10月18日最終閲覧）

〇新見南吉『ごん狐』青空文庫

〇關浩和『情報リテラシーと社会科授業の改善』明治図書，2007

〇総務省｜令和2年版情報通信白書／誤情報やフェイクニュースの流布

　（https://www.soumu.go.jp/johotsusintokei/whitepaper/ja/r02/html/nd123110.html）

〇東京くらしねっと　令和4年1・2月号｜身近にあるフェイクニュース，誰もがだまされる!?

　（https://www.shouhiseikatu.metro.tokyo.lg.jp/kurashi/2201_02/wadai.html）

情
報

単元の実際

第1時 （導入）	［大ネタで核心に気づかせる］ 〇「自由の女神」を見たことある？　この世は情報でできている!? ［発問で整理する］ 〇みんなはどんな情報を，どんな方法で得ている？
第2・3時	［中ネタでひきつける］ 〇ごんぎつねニュースをつくろう！
第4時	［中ネタでひきつける］ 〇ライオンが逃げ出した!? 情報のもつ力とは 〇前時の「ごんぎつね」の誤情報の種明かし ［発問でまとめる］ 〇ニュースを見るときに大切なことは？ 〇ニュースづくりの手順をまとめよう！
第5時	［中ネタでひきつける］ 〇なぜタダで見られるの!? テレビ放送の謎 ［発問で深める］ 〇CM なしで，有料放送化に賛成？　反対？ 〇テレビってどんなものがなぜ映っているの？

授業展開と発問例

🕐第1時

　はじめに，

［発問］「『この世は〇〇でできている』という意見がある。さて，〇〇には何が入る？」

と尋ねます。簡単に答えさせた後，「情報」ということを伝えます。そして，

［発問］「『この世は情報でできている』という意見に賛成？　反対？」

ここでは軽く尋ねる形でよいでしょう。さらに，「自由の女神を見たことがある人？」「芸能人の〇〇さんを見たことがある人？」「地球が丸いことを，実際に見たり，計算で確かめたりしたことがある人？」「明日の天気を実際に未来に行って見てきた人？」「過去に行って，実際にお父さんやお母さんが子供のころの出来事を確認したことがある人？」などとどんどん問うていきます。それらの多くは「情報」として知っているだけだということに気づかせましょう。この後，もう一度「『この世は情報でできている』という意見がある。賛成？　反対？」と尋ねてもよいでしょう。そして，

[発問] 「みんなはどんな情報を，どんな方法で得ている？」

と尋ねてみましょう。その後，教科書を読み語句などの確認をして書き加えさせてもよいでしょう。

⏱ 第2・3時

　この学習内容は2時間続き。まずは，

[発問] 「班でニュースをつくってみよう！」

と伝えて学習を進めます。題材は「ごんぎつね」です。先に述べたように，ポイントは「ウソの情報を織り交ぜた資料を渡す」ということ。子供たちには青空文庫のごんぎつねと，必要な班には教師がまとめたあらすじを渡します（ここでいくつかの班の資料にウソを入れておくのです）。そうすると情報を確かめる重要さに気づくことができます。このとき，①取り上げる出来事を選ぶ　②情報を集めて選ぶ　③ニュース原稿をつくる　の手順を踏ませましょう。

　そして作業を進めながら，授業者が選ぶタイミングで教科書を読み，ニュースをつくる際の注意点などを確認させるとよいでしょう。私は，少し進めてから「つくるコツとか注意点が教科書に書いてあるから読もうか」と呼びかけるようにしています。そして第3時の終わりまでに動画を作成させて提出させるか，クラスで発表させましょう。ウソの情報をもとにつくったニュースは，誤った情報を伝えることになりますので，次時につなげる布石とし

ておきましょう。

⏲第4時

今回はニュースを見るときの注意点に気づく時間です。

[発問] 「地震が起こってライオンが逃げ出した!? あなたはどうする？」

これは先述の通り，熊本地震のときの実際の情報。検索するとすぐに出てきますのでぜひ紹介してあげてください。さらに，前時のごんぎつねの取り組みの資料にも誤情報があったことを種明かしします。その後，教科書などを読んで「情報はいつも正確であるとは限らない」ことを確認します。そして，

[発問] 「ニュースを見るときに大切なことは？」

と聞きましょう。ここでは「事実とは限らない」という趣旨であればよいでしょう。最後に，

[発問] 「ニュースづくりで大切なことを，手順ごとに書いてみよう！」

としてまとめましょう。

⏲第5時

追加授業なので省いても OK です。ただ，テレビ放送のまとめとしては重要な視点です。ここは「テレビがタダで見られる秘密」を扱います。

[発問] 「テレビの CM，いる？ いらない？」

後述のサッカー日本代表のハーフタイムのエピソードを紹介してもよいでしょう。実際にテレビを見せてもいいかもしれません。このとき CM の役割について簡単に説明しましょう。そして，

[発問] 「CM なしで，有料放送化に賛成？ 反対？」

と問うのです。最後に，

[発問] 「テレビに映るものの意味を考えよう！」

と問い，テレビで放映されるものについてそれぞれ理由を述べさせるとよいでしょう。

情報

わたしたちの身のまわりの情報

組　名前（　　　　　　　　　　）

✅ **問1　「この世は○○でできている」という意見がある。○に入るのは？**
（漢字2文字）　　　　　　　　　　この世は＿＿＿＿＿＿でできている！

✅ **問2　この意見に賛成？ 反対？**　　　　　　　　賛成　　反対

★やってみよう！ 実際に自分で経験したことがあるものに○をしよう。

①アメリカで自由の女神を実際に見たことがある

②地球が丸いことを，実際に見たり，計算で確かめたりしたことがある

③明日の天気を実際に未来に行って確かめたり，自分で天気図を読んで確認したりしたことがある

④過去に行って，お父さんやお母さんが子どものころのできごとを確認したことがある

✅ **問3　問2の問いにもう一度答えてみよう。**　　　　賛成　　反対

✅ **問4　みんなはどんな情報を，どんな方法で得ている？**

	得ている情報	何から得ているか
①	例：天気	インターネット
②		
③		
④		
⑤		
⑥		

✅ **問5　教科書や資料集を見て答えよう。**

情報を伝える手段のことを「メディア」と言う。では，どんなメディアがある？ 書いてみよう。

★やってみよう！

今からみんなに「ごんぎつね」をもとにニュースをつくってもらいます。

①班で下のわくを使ってニュースの原こうを考えよう。

②原こうができたら，一人一人アナウンサーになってニュースを伝えて動画
にとろう。

［つくり方］

　①いろいろなできごとの中から取り上げるものを選ぶ

　②選んだできごとの中から伝えたいことを決めて情報を集め，選ぶ

　③ニュース原こうをつくる

①取り上げるできごと
②（　　　　　　　　　　　　　　）の中から何を伝えるか決め，情報を集めて選ぶ
③ニュース原こうをつくる（「速報です!!」とするとそれっぽくなる）

✅ 問6　教科書や資料集を見て答えよう。

| テレビニュースづくり編 |

①ニュース番組は，短い時間で ＿正確＿ 複雑 に，そして
　＿分かりやすく＿ むずかしく 伝えることが大切。

②１本のニュース番組をつくるために 少人数 ＿多くの人＿ が情報を集め，
　伝えるべき内容(よう)を考えている。

③ニュース番組では，内容にまちがいがないように ＿何重にも＿ １人で
　原こうや映像(えいぞう)をチェックしてニュースを制作(せい)している。

④ニュースでは，記者が集めてきた情報からどれが ＿重要＿ 不要 かを判(はん)
　断(だん)して，伝えるものが選ばれている。

⑤記者は，実際に話を聞きに行って取材をすることが ＿ある＿ ない 。

⑥ニュースでは，さつえいした映像が そのまま ＿編集されて＿ 放送される。

| 新聞づくり編 |

①記事を書くときは，＿いくつもの＿ 選ばれた１つの 取材先で話を聞い
　たり，情報を確かめたりしている。

②記事を書くときは，記者が集めてきた情報からどれが ＿重要＿ 不要 か
　を判断して，伝えるものが選ばれている。

③記者は，実際に話を聞きに行って取材をすることが ＿ある＿ ない 。

④新聞は，記事の 完成した順に ＿構成を考えて(こう)＿ 作られている。

✅ 問7　地震(しん)が起こってライオンがにげ出した!? あなたはどうする？

実際に流されたこの情報には，実はひみつがあります。

それは，＿＿＿＿＿＿＿＿＿＿＿＿＿＿＿＿＿ということ。

実は，ニュースづくりのときに先生がわたした情報にもひみつがあります。

それは，＿＿＿＿＿＿＿＿＿＿＿＿＿＿＿＿＿ということ。

☑️ 問8　教科書や資料集を見て答えよう。

①テレビの情報は，わたしたちの行動や考えを決めるきっかけに
　　　なる　　　ならない　　。
②テレビのえいきょうは　小さい　　大きい　　ので，緊急のときほど冷静に
　受け取らなければならない。
③ニュースは，同じ情報からつくられたものであれば伝える内容は必ず
　　　同じ　　同じとは限らない　　。
④ニュースは必ず　正しい　　正しいとは限らない　　。

☑️ 問9　ニュースを見るときに大切なことは？

☑️ 問10　ニュースづくりで大切なことを，次の手順ごとに書いてみよう！
①いろいろなできごとの中から取り上げるものを選ぶときに大切なこと

②選んだできごとの中から伝えたいことを決めて情報を集め，選ぶときに
　大切なこと

③ニュース原こうをつくるときに大切なこと

☑️ **問11　テレビの CM，いる？　いらない？**　　　いる　　いらない

理由

実は，CM のおかげで＿＿＿＿＿＿＿＿＿＿＿＿＿＿＿＿＿。

☑️ **問12　CM なしで，有料放送化に賛成？　反対？**　　　賛成　　反対

理由

☑️ **問13　テレビに映（うつ）るものの意味を考えよう！**

① CM がある理由

②ニュース番組がある理由

③バラエティ番組がある理由

授業をもっと楽しくする $+\alpha$ ネタ

⚠ W杯サッカー日本代表戦の CM 時に現れる現象とは？

　日本代表戦のときは，意外なある職業の人たちが警戒を強めます。もちろん警備関係の人たちもそうですが，実は「水道局」の人たち。もう10年以上前になりますが，水道局の人がポツリと言っていたのを思い出します。実は，サッカー中継ではハーフタイム時に CM が入ることがほとんどです。このときにみんなトイレに行くのです。結果，水道使用量が激増します。現在では各メディアがこのデータを公表するようになったので，いくらでもデータは手に入ります。ではやはり CM はいらないのか？　この角度からつっこんでいくのも面白いですね。

02-2 社会の中の情報利用
—情報のウソ・ホント!?クイズで捉える 生活と情報—

　情報に関する2つ目の大きな学習内容は，「情報がどのように生活の中で使われているか」ということを捉えるということです。ここでよく取り上げられるのが「コンビニ」「気象情報」の2つです。ここではメインでコンビニを，そして別案として気象情報を取り上げ，普段自分の生活に情報がどのように関わっているのかを捉えてみましょう。

ここで使える！ネタ一覧

大ネタ：情報のウソ・ホント!? クイズでとらえる生活と情報

中ネタ：コンビニのウソ・ホント!? クイズ

小ネタ：日本にはすでに，店員のいない「無人コンビニ」がある!?

　　　　：世界では，他の車や交通情報，そして信号などの情報をリアルタイムで受け取りながら走行する「コネクテッドカー」が普及している!?

　　　　：農業用水の自動調整があるなら，養殖漁業の「自動餌やり」もある!?

　　　　：SNSに投稿した情報は自動的に企業に集められている!?

　　　　：コンビニでは「何がどれだけ売れたか」が自動で計算されている!?

　　　　：かつてコンビニレジでは，必ず店員が「年齢キー」を押さないと会計に進めなかった？

情報のウソ・ホント!?クイズでとらえる生活と情報

　この単元では，「自分たちの普段の生活が情報として集まり，自分たちの普段の生活をより便利にする」という現在の社会の仕組みを学ぶことを軸として考えていきます。様々なサービスは，実は情報によって日々の生活を便利にしている一方，それが自分の情報を差し出すことで成り立っていることには子供たちはほとんど気づいていません。例えば，有名な SNS のプライバシーポリシーには，「登録された情報の利用許可」が必ずといっていいほど入っていますし，オンラインでゲームが遊べるようになった現在は，子供たちのプレイ時間，時刻なども基本的にすべて情報として集められています。もちろん，集まる情報は個人からだけではなく，例えばコンビニでは気象予報，地域の学校の行事などの情報を集めることで在庫数を変え，売り上げ向上を図っています。もちろん，これらの情報は悪用するためではなく，基本的に「人々の生活をよりよくするため」につながっています。

かつてコンビニレジでは，必ず店員が「年齢キー」を押さないと会計に進めなかった？

　コンビニの会計をするとき，2018年までは店員がすべての商品をスキャンした後に年齢キー（客層キー）を押すことでレジが開く仕組みになっているものが多く存在していました。これは，「いつ，何歳くらいの人が，どこで，何を，どれくらい買った」という情報を集め，経営に利用していたからです。ところが，大手3社のうちファミリーマートとローソンでは2018年以降に順次取りやめをしていくというニュースが流れました。大きな理由は，店員の業務の負担軽減のための新システムへの移行ですが，もう一つの理由として「ポイントカードの普及でより正確な情報が得られるようになった」ことが挙げられます。実際，店員の受けた印象によって年齢キーは押されるため，「誤答」が多かったという問題点がありました。ポイントカードならそれはありえません。客自らが登録した情報が本部に送られるからです。

コンビニ配送，商品は工場から直接送る方がいいのでは？

　コンビニ配送の特徴は，「一旦工場から配送センターに品物を集めてから，本部が手配したトラックで各店舗に配送する」ことです。食品などは鮮度が命のため，工場から配送した方がよいと子供は考えるでしょう。しかしここがコンビニ配送の工夫です。違う工場で製造されるすべての商品を一旦集めることで情報が集まり，かえってきめ細やかな対応ができるのです。例えば，セブン−イレブンは常温保存の品物を1か所の配送センターに集約し，まとめて配送するシステムです。本部が配送に関する情報を一括で集めているからこそ，現在のコンビニの便利さは成り立っているともいえます。

 情報を自動的に集める今の仕組みに賛成か？

　「コンビニは社会のインフラである」とされる昨今，コンビニでは信じられないほどの多様なサービスを受けることができます。もはやコンビニ一つ一つのサービスの枠を超えていることはいうまでもありません。しかし，そのサービスを受けるために自分たちの情報を渡していることを忘れてはいけません。たくさんの人がコンビニを利用していると考えられますが，いつも「いつ，何歳くらいの人が，どこで，何を，どれくらい買った」ということを情報として差し出しているのです。これらのことを考慮し，現在の仕組みに賛成か!? という問いを設定してみましょう。そうするとこの仕組みのメリット，デメリットが出てきます。そして今後，自分たちが自分たちの情報とどのように付き合っていくかを考えるきっかけにすることができます。

参考文献
○平木恭一『最新コンビニ業界の動向とカラクリがよ〜くわかる本』秀和システム，2020
○木村義和『コンビニの闇』ワニブックス，2020
○武田晴人編『日本の情報通信産業史』有斐閣，2011
○笠井清志『ビジュアル図解　コンビニのしくみ』同文舘出版，2007

単元の実際

第1時 (導入)	[大ネタで導入（細かなクイズを積み重ねる）] ○情報のウソ・ホント!? クイズでとらえる生活と情報 [発問で深める] ○ゲームやSNSの会社は，情報を集めてどうするつもりなのか？
第2時	[中ネタで導入（細かなクイズを積み重ねる）] ○コンビニのウソ・ホント!? クイズ [発問で深める] ○コンビニは，情報を集めてどうするつもりなのか？ ○コンビニが情報を利用する仕組みに賛成か？
第3時	[中ネタで導入（細かなクイズを積み重ねる）] ○コンビニのウソ・ホント!? クイズ [発問で深める] ○配送センターに集めるメリットは何なのか？ ○コンビニが情報を利用する仕組みに賛成か？
第4時	[中ネタで導入（細かなクイズを積み重ねる）] ○コンビニのウソ・ホント!? クイズ [発問で深める] ○コンビニが情報を利用する仕組みに賛成か？

授業展開と発問例

⏱第1時

クイズで導入し，個々の質問で動機づけます。

クイズ 「情報のウソ・ホント!? あなたはどれだけ知っている？ （○×）」

①日本にはすでに，店員のいない「無人コンビニ」がある

②世界では，信号や他の車と情報でつながりながら走行し「事故ゼロ」を目指す「コネクテッドカー」が普及している

③養殖漁業では「自動餌やり」が実用化されている

④「スマート農業」と呼ばれる最先端の農業では，自動で水や肥料をまくことができる装置が実用化されている

⑤オンラインゲームをすると，「誰が（アカウント情報）」「いつ」「どれくらいの時間」ゲームをしたかの情報がゲーム会社に集められている場合も多い

⑥SNSに投稿した情報は自動的に企業に集められ，利用されている

答えは，すべて◯。特に③や④に注目したいところです。特にコメントは常にチェックされています。

　その後，資料として示したゲームやSNSの会社のプライバシーポリシーなどを読んで，自分が情報を渡し，それが利用されている事実を知ります。そして，

[発問]「ゲームやSNSの会社は，情報を集めてどうするつもりなのか？」

と尋ねます。この時間は導入なので，あくまで「情報を集められているのは知らなかった」「たぶん……だろう」くらいの意見で構わないでしょう。

⏱第2時

　ここでは「コンビニ」についてクイズをしながら，「コンビニが扱う情報」に関する学習を進めていきます。

[クイズ]「コンビニのウソ・ホント!? あなたはどれだけ知っている？」

①コンビニでは入り口に身長計が貼られていることがある。それはなぜ？

②コンビニでは「何がどれだけ売れたか」が自動で計算されている（◯×）

③かつてコンビニレジでは，必ず店員があるボタンを押さないと会計に進めなかった。つまり，レジが開かなかった。それはどんなボタン？

④三大コンビニのうち，ローソンとファミリーマートは③の答えのものを2018年から廃止した。その理由は？

　①は強盗などの非常時に犯人の身長の情報を得るため。②は◯。「POSシステム」といいます。③年齢キー（客層キー），④ポイントカード（アプリ）の普及や，精度など。実はポイントカードには「年齢」「性別」などの情報が入っており，わざわざ店員が情報を集めなくても「何歳くらいの人が」「どこで」「何をどれだけ」買ったかをより正確に集められるようになったことを伝えます。その後，

[発問]「コンビニは，情報を集めてどうするつもりなのか？」

と問い，予想させ，教科書を読む動機づけとします。教科書を読んでから意見を修正させてもよいでしょう。そして，

[発問]「コンビニが情報を利用する仕組みに賛成か?」

と問います。少なくともポイントカード利用の場合はプライバシーポリシーを読んでいる前提で個人情報利用を承諾しているものの，子供たちはおそらくこれについては知りません。子供たちは「勝手に」情報を集められていると感じるでしょう。そこで，このほぼ自動で集める情報が社会生活をより便利にするための仕組みであることを次時で扱うための布石として，「コンビニの情報利用に反対!!」という立ち位置で終わらせるのもよいでしょう。

⏱第3時

ここもクイズで導入します。

[クイズ]「コンビニのウソ・ホント!? あなたはどれだけ知っている？（○×）」

①ローソンはもともと，アメリカの牛乳屋である

②ファミリーマートは，家族で始めたから「ファミリーマート」

③セブン−イレブンのロゴ，最後のnが小文字なのは，その方がデザイン上整って見えるからといわれている

④コンビニでは，おにぎりなどの食品はできたてを届けるため，工場でできたらすぐに直接，店に届けている

答えは，①○ ②× ③○ ④×。ファミリーマートの名は企業の理念から。「客と店，本部が家族的なお付き合いをしながらともに発展したい」というものからきています。④はコンビニ物流の肝。一度配送センターに集め，一斉に配送しています。その方が本部は管理しやすく，店側も納品の時間が分かりやすく助かるのです。説明の前に，ここで一度発問を挟んでその理由を予想させます。

[発問]「配送センターに集めるメリットは何なのか？」

あくまで予想で，教科書を読む動機づけです。教科書の説明では不十分な場合，上記のメリットについて説明するとよいでしょう。そして教科書を読んでコンビニの情報利用について確認をします。

[発問]「コンビニが情報を利用する仕組みに賛成か？」

と問います。今回はコンビニが情報を集めることで多様なサービスにつなげ，社会を便利にしているかということに焦点を当てましょう。

🕐第4時

同じくクイズで導入します。

[クイズ]「コンビニのウソ・ホント!? あなたはどれだけ知っている？」

①次のものを数の多い順に並べよう。

　A：小学校　B：コンビニ　C：スーパー　D：駅

②コンビニでできることはどれ？

　・おにぎりを買う　・コピー　・チケットを買う　・電気代の支払い

　・写真のプリント　・宅配便を代わりに受け取ってもらう

　・電子マネーへのチャージ（PayPay や交通系のカードなど）

　・市役所（町村役場）の業務の一部の代わり

　①は，B→C→A→Dの順。小学校は約１万９千，コンビニは約５万７千，スーパーは約２万３千，駅は約９千。②は，すべて。②の答え合わせの前に教科書を読むとよいでしょう。必要であれば「コンビニは社会インフラである」といわれることも紹介しましょう。「インフラ」は難しいので，「水道や電気と同じくらい重要なもの」と説明しましょう。最後に，

[発問]「コンビニが情報を利用する仕組みに賛成か？」

と問います。反対派の子たちには，「●●はだめだけど，△△は賛成」など，ポジティブな意見を出すテンプレートを示すと意見をもてるでしょう。

授業をもっと楽しくする^{+α}ネタ

⚠ コンビニの今　Amazon Go は定着するか!?

　私の最も嫌いな待ち時間はレジ。誰も悪くないのでじっと待つしかありません。そんな悩みを解決してくれるアイデアがこの5，6年で日本社会にもいくつか入ってきています。一つがセルフレジ。これは便利です。イオンでは，スマートフォンで商品を読み取る「レジゴー」が実装されています。会計時は QR コードの読み取りを行います。商品の読み取りは人が行います。続いては，ユニクロで採用されているような商品の読み取りが自動で，会計を機械で行う形式。そして最後が，見出しに挙げた「Amazon Go」のような読み取りも会計も自動のタイプ。アプリをダウンロードして登録を済ませるか，クレジットカードさえ持っておけば，あとは店に入って，欲しい商品を取って店を出るのみ。2018年に開店したときには「アメリカには未来がある」と感じましたが，必ずしもうまくはいっていないようです。2023年初めにアメリカで多くの店舗の閉鎖を発表。理由はいくつかあるようですが，「治安の悪化」などの理由もあります。要するにまだテクノロジーにシステムが追いついていないということのようですが，近い未来に必ずこのシステムで買い物ができる店舗が増えてくるでしょう。実際，都内では少しずつ同様の店が出現し始めているようです。一方で，1人暮らしの高齢者などは人との関わりを求めて自分で買い物に行く人も多いと聞きます。どちらにせよ，お店から人が完全にいなくなることはしばらくなさそうです。

参考資料　（2024年3月1日最終閲覧）

○ Agenda note｜日本版「Amazon Go」が続々都内にオープン，無人店舗は小売を変えるのか
　（https://agenda-note.com/retail/detail/id=3358&pno=0）

○日経ビジネス電子版｜アマゾンゴー8店舗が閉鎖へ　AI駆使しても致命的だった使い勝手の悪さ　（https://business.nikkei.com/atcl/gen/19/00381/030600033/）

社会の中の情報利用

組　　名前（　　　　　　　　　　　　）

✅ **問１　情報のウソ・ホント!? あなたはどれだけ知っている？**

（○×をしよう）

①日本にはすでに，店員のいない「無人コンビニ」がある　　　　　　☐

②世界では，信号や他の車と情報でつながりながら走行し「事故ゼロ」を
　目指す「コネクテッドカー」がふきゅうしている　　　　　　　　　☐

③養殖漁業では「自動えさやり」が実用化されている　　　　　　　　☐

④「スマート農業」とよばれる最先端の農業では，自動で水や肥料をまく
　ことができる装置が実用化されている　　　　　　　　　　　　　　☐

⑤オンラインゲームをすると，「だれが」「いつ」「どれくらいの時間」
　ゲームをしたかの情報がゲーム会社に集められている場合も多い　　☐

⑥SNS に投こうした情報は自動的に企業に集められ，利用されている☐

✅ **問２　ゲームや SNS の会社は，情報を集めてどうするつもりなのか？**

☐

✅ **問３　コンビニのウソ・ホント!? あなたはどれだけ知っている？**

①コンビニでは入り口に身長計がはられていることがある。それはなぜ？

☐

②コンビニでは「何がどれだけ売れたか」が自動で計算されている。（○×）

③かつてコンビニレジでは，必ず店員があるボタンをおさないと会計に進めなかった。つまり，レジが開かなかった。それはどんなボタン？

④三大コンビニのうち，ローソンとファミリーマートは③の答えのものを2018年から廃止（はいし）した。その理由は？

✅ **問4　コンビニは，情報を集めてどうするつもりなのか？**
（たぶんで OK！）

✅ **問5　教科書や資料集を見て答えよう。**
①コンビニエンスストアの数は　増加　減少　している。
②コンビニでは天候（気温など）や，地域（いき）の行事（近くで運動会がある）などの情報を　参考にせず　参考にして　商品を発注している。
③コンビニでは商品のバーコードを読み取り，売れた商品は　自動　人の手　で記録されて確認（にん）　できる　できない　。
④集められた情報が大量のデータとなって利用されて　いる　いない　。
✅ **問6　コンビニが情報を利用する仕組みに賛成か？　　　賛成　反対**

理由

✓問7　コンビニのウソ・ホント!? あなたはどれだけ知っている？
（○×）

①ローソンはもともと，アメリカの牛乳屋（にゅう）である　　　　　　　□

②ファミリーマートは，家族で始めたから「ファミリーマート」　　　　□

③セブン-イレブンのロゴ，最後のｎが小文字なのは，そのほうがデザイ
ン上整って見えるからといわれている　　　　　　　　　　　　　　□

④コンビニでは，おにぎりなどの食品はできたてをとどけるため，工場で
できたらすぐに直接，店にとどけている　　　　　　　　　　　　　□

✓問8　配送センターに集めるメリットは何なのか？（たぶんでOK！）

✓問9　教科書や資料集を見て答えよう。

①本部では，商品を積んだトラックの　位置　　スピード　を知る仕組みを
利用している。

②災害などの場合でも商品がとどけられるように，　人の手　　情報　が活
用されている。

③買い物に行きづらい人のための配送サービスや　相談相手　　移動販売（い）（はんばい）
が行われている。

④コンビニは情報を活用し，　機械と機械　　人々　のつながりをつくって
いる。

✓問10　コンビニが情報を利用する仕組みに賛成か？　　賛成　　反対

理由

☑ **問11　コンビニのウソ・ホント!? あなたはどれだけ知っている？**

①次のものを数の多い順にならべよう。

　　A：小学校　　B：コンビニ　　C：スーパー　　D：駅

　　　　　　　　　　　　_____ → _____ → _____ → _____

②コンビニでできることはどれ？（〇をしよう）

　　・おにぎりを買う　　・コピー　　・チケットを買う　　・電気代の支払_{しはら}い

　　・写真のプリント　　・宅配便_{たく}を代わりに受け取ってもらう

　　・電子マネーへのチャージ（PayPay や交通系_{けい}のカードなど）

　　・市役所（町村役場）の業務_むの一部の代わり

☑ **問12　教科書や資料集を見て答えよう。**

①コンビニでは情報通信技術を利用して，他の産業ともつながり，

　　いろいろな　　限られた　　サービスを提供_{ていきょう}して　いる　　いない　　。

②コンビニは水道や電気と同じくらい，社会にとって重要なものだといわれ

　　て　いる　　いない　　。

☑ **問13　コンビニが情報を利用する仕組みに賛成か？**　　　賛成　　反対

理由

別案：気象情報の場合の授業プラン

第1時 （導入）	[大ネタで導入] ○かつて，国が「ウソの気象データ」を流した理由とは？ [発問で深める] ○気象情報はこんなことに利用されている！
第2時	[中ネタで導入] ○氷菓（アイス）コーナー，あなたは何を並べる？ [発問で深める] ○コンビニおでんはいつ売り出すのがいいだろう？ ○気象情報はこんなことに利用されている！
第3時	[中ネタで導入] ○日本気象協会が発表している○○指数とは？ [発問で深める] ○この指数があることで「助かっている人・こと」は何？
第4時	[発問でまとめる] ○あなたが豆腐を注文する人だとして，日本気象協会からの情報を何％ 　信用して注文する？ ○ここで学習した情報を利用するうえで大切なことは？

授業展開と発問例

🕐第1時

　まずはクイズで導入。

クイズ 「かつて日本では国が，『ウソの気象データ（情報）』を流した。その理由とは？」

と問います。天気図などを実際に見せるとよいでしょう。実はこれは第二次世界大戦中の話。簡単に答えさせた後，「実は，戦争の時代の話」ということをヒントとして知らせるとよいでしょう。または，「気象情報が間違っていたらどんなことが困る？」と聞いてもよいでしょう。ちなみに理由は，「気象情報は戦争のときに重要な情報だから」。実は戦争が始まったのが12月というのも，気象と関係があるそうです。皆さんは真珠湾攻撃をイメージするかもしれませんが，同時に日本はマレーシアにも侵攻。12月は日本から軍を動かすときに台風にも邪魔をされないうえ，マレーシアでは雨季最盛期

（実際12月が一番寒く，最高気温は30度近くありますが，長袖を着る人もたくさんいました）であることから，「この時期には攻めてこない」というイギリス軍の裏をかくためだったのです。

　さて，話を戻しましょう。次に，

発問　「よく考えたら，気象情報はこんなことに利用されている！さて何？」

と問うて意見を出させてみましょう。簡単に書かせても，話させてもよいでしょう。これは教科書を読むための動機づけです。そしてその後，教科書を読み，再び，

発問　「気象情報はこんなことに利用されている！　さて何？」

と教科書の内容のまとめにつなげましょう。

🕐第2時

発問　「あなたはお店を経営しています。氷菓（アイス）コーナーは10の枠があります。あなたは次の商品の，どれをどれだけ置く？」

と問います。グループでも OK です。いくつかの有名な氷菓を提示するとよいでしょう。ここでは，同じ商品で複数の枠を使っても OK とします。最初は特に情報を与えません（子供たちから質問が出たら答えていってもよいでしょう）。何せ情報の授業ですから，「先生，情報ちょうだい！」という声が上がれば大したものです。考えさせながら，次の2つの情報を与えます。

①外は晴れ。気温は37度まで上がる予報。

②34度を超えると，人はアイスクリームよりかき氷が食べたくなるという調査結果が発表された。

　一度にではなく，1つずつでもよいし，私は情報の大切さを体感させるため，「情報カード」を引かせます。ここにはダミーの情報を入れておくとよいかもしれません（ロイロノートなどで送るのも OK）。例えば，

①この地域では昔から米づくりがさかんだ。

②スマートフォンの長時間利用による健康への影響の調査結果が発表された。

③長期予報によると，今年の秋から冬は寒くなるようだ。

などです。利用方法は各自で考えてみてください。ここまでで情報の大切さを学び，その後教科書に進んでいきます。そして，

発問 「コンビニおでんはいつ売り出すのがいいだろう？」

ア：8月　イ：9月　ウ：10月　エ：11月

と問うて考えさせます。初めはあてずっぽうで考える子もいますが，調べていくと8月から9月に売り始めることが多いようです。自分たちの感覚ではなく，情報によって売り出し時期を決めるという社会の仕組みに気づくことが大事です。最後に，

発問 「気象情報はこんなことに利用されている！　さて何？」

と，前時と同じ発問でまとめましょう。

🕐第3時

発問 「日本気象協会が発表している『アイス指数』。これは『その日の天気がどれだけアイスを食べるのに向いているか』という数字。気象情報とアイスを食べたくなる気持ちは関係があるということから，計算のもと算出される。さて，では他にどんなものが天気と関係があるとされ，指数が出されている？」

①傘指数　②（おはだの）うるおい指数　③睡眠指数　④ヒートテック指数
　次に，

発問 「それぞれの指数は天気とどのように関係があるか考えてみよう！」

と問うて，情報は思わぬものと関係があることに気づかせます。

発問 「日本気象協会が提供する『ある指数』のおかげで，食品ロスが30％も減った会社がある。それはどれ？」

①豆腐会社　②スルメイカ会社　③鯛養殖会社

　答えは①。日本気象協会が豆腐製造企業と提携して算出。教科書によっては解説が書かれていますのでそちらを参考にしてください。

発問 「この指数を利用する前，その会社では何を頼りにしていた？」

①天気予報　②経験と勘　③YouTube

答えは①と②。ここでは答えを探させながら教科書を読むのがよいでしょう。そしてまとめとして，

発問 「この指数があることで『助かっている人・こと』は何？」

と問います。立場を分けて考えさせましょう。販売者，購入者，製造者などが考えられますが，重点は製造会社の人でいけばよいでしょう。

⏰第4時

　まとめの時間です。

発問 「あなたが豆腐を注文する人だとして，日本気象協会からの情報を何％信用して注文する？」

①100％　②80％　③50％　④０％

　ここでは，実質は① vs ②，③ vs ④の言い合いになるでしょう。とはいえ，①と④は極端なため，選ぶ子は極端な意見を言う場合が多いでしょう。その場合，話し合いは平行線をたどります。そのため，ある程度意見を出させたら，「最初に言ったように，食品ロスを削減できたのは30％。なんで100％にならないの？」と聞いてみるとよいでしょう。何に関しても，完璧な情報は存在しません。あくまで，与えられた情報を使うのは自分たちであるということを忘れてはなりません。

　そして最後に，

発問 「ここで学習した情報を利用するうえで大切なことは？」

と問うてまとめとしましょう。

参考文献・資料　（Web サイトは2023年11月5日最終閲覧）
○森田正光『お天気キャスター森田さんの天気予報がおもしろくなる108の話』PHP研究所，1997
○日本気象協会｜tenki.jp／指数情報一覧　（https://tenki.jp/indexes/）

情
報

社会の中の情報利用

組　名前（　　　　　　　　　）

✅ **問１　かつて日本では国が,「ウソの気象データ（情報）」を流した。その理由とは？**

✅ **問２　よく考えたら, 気象情報はこんなことに利用されている！　さて何？（予想しよう）**

✅ **問３　教科書や資料集を見て答えよう。**

①晴れや雨, 風の強さ, 気温などの状態や, 自然災害に関する情報のことを

　　気象情報　　交通情報　という。

②気象情報は生活の様々な場面で利用されて　いる　　いない　。

✅ **問４　気象情報はこんなことに利用されている！　さて何？**

教科書や資料集を見て答えよう!!

☑問5　あなたはお店を経営しています。氷菓（アイス）コーナーは10の
　　わくがあります。あなたは次の商品の，どれをどれだけ置く？

①ガリガリ君ソーダ味（赤城乳業）	②明治エッセルスーパーカップ（明治）
③サクレレモン味（フタバ食品）	④チョコモナカジャンボ（森永製菓）
⑤雪見だいふく（ロッテ）	⑥パピコ（江崎グリコ）

実際に書いてみよう!!

☑問6　教科書や資料集を見て答えよう。

①気象は，産業に損害やえいきょうをあたえることが＿＿ある＿＿　ない　。

②そこで，気象情報を提供するある会社では，気象情報を利用して商品の
　生産量や＿出荷量＿　品質　の予測情報を様々な会社に提供し，悪いえい
　きょうを＿増やせる＿　減らせる　と考えた。

☑問7　コンビニおでんはいつ売り出すのがいいだろう？　自分で情報を仕
　　入れて○をしよう！

　　ア：8月　イ：9月　ウ：10月　エ：11月

選んだ理由

☑問8　気象情報はこんなことに利用されている！　さて何？

✅ **問9** 日本気象協会が発表している「アイス指数」。これは「その日の天気がどれだけアイスを食べるのに向いているか」という数字。さて，では他にどんなものが天気と関係があるとされ，指数が出されている？
（○をしよう）

①かさ指数　②（おはだの）うるおい指数　③すいみん指数
④ヒートテック指数

✅ **問10** それぞれの指数は天気とどのように関係があるか考えてみよう！
（例えば，「気象情報を見ると，○○が分かるから」と書いてみよう！）

かさ指数	
うるおい 指数	
すいみん 指数	
ヒートテック 指数	

✅ **問11** 日本気象協会が提供する「ある指数」のおかげで，食品ロスが30％も減った会社がある。それはどれ？

①とうふ会社　②スルメイカ会社　③鯛養殖会社

✅ **問12** この指数を利用する前，問11の会社では何をたよりにしていた？

①天気予報　②経験とかん　③YouTube

✅ **問13** 教科書や資料集を見て答えよう。

①あるアイスクリームを作る会社では，気象情報を提供する会社の
　<u>　予測情報　　交通情報　</u>を利用して商品を生産している。

②正確な気象情報は，商品の清算においてむだな<u>　生産　　時間　</u>や
　すてられる商品を<u>　増やす　　減らす　</u>ことにもつながる。

✅ 問14　この指数があることで「助かっている人・こと」は何？
　　整理しよう!!

（空欄）

✅ 問15　あなたがとうふを注文する人だとして，日本気象協会からの情報
　　を何％信用して注文する？

①100%　②80%　③50%　④0 %

理由

✅ 問16　ここで学習した情報を利用するうえで大切なことは？

02-3 情報を本当に生かすためには？
―大変大変!! 聞いて聞いて!! みんなならどうする？―

　情報のまとめの単元です。ここでは「デマ」を取り上げ，「自分も加害者側になりかねない」という実感をもつ経験をさせます。今では生成 AI が作成した偽の災害画像などが登場して世間を騒がせています。

　ここでは子供の感覚でデマを 2 つの軸で考えます。1 つ目の軸は「真実度の度合い」，2 つ目の軸は「影響の良し悪しの度合い」です。学習でよく扱われる「真実ではない，大きな悪影響が及ぶデマ」はもちろん取り上げますし，子供たちはそれがだめなことだと納得するでしょう。しかし，一番厄介なのは「真実度は低そうだけど，みんなに好影響が及びそうなデマ」です。さて，子供たちはどう考えるでしょうか。

ここで使える！ネタ一覧

大ネタ：大変大変!! 聞いて聞いて!! みんなならどうする？

小ネタ：5G の電波を通して新型コロナウイルスが広がっているらしい！ みんなならどうする？

：トイレットペーパー生産の多くは中国で行われており，新型コロナウイルスの影響で輸入が止まって在庫がなくなるらしい！ みんなならどうする？

：被災地が大変!! この画像を見て!! みんなならどうする？

：新型コロナウイルスは26〜27度くらいで死滅するのでお湯を飲むと殺菌効果があるらしい！ みんなならどうする？

：みんなの家が利用している銀行がつぶれるらしい！ どうする？

　単元自体は3〜4時間の短いものを想定しています。その中で「発信者としてのリテラシー」を身につけさせることを目的とします。ですから，数種類のデマについて考えさせながらその都度，「自分で発信するときに気をつけることは？」と尋ねましょう。

　まずは，記憶に新しいコロナ禍において実際にイギリスで広まった「5Gがウイルスを拡散させている」というデマとその影響について考えます。これは多くの子が「ウソだ！」と見抜きやすいものとなっています。それでいて，実際イギリスでは電波塔が燃やされるなど犯罪行為につながりました。

　続いて，再びコロナ禍でのデマ。「トイレットペーパー騒動」について考えます。こちらは「実際になくなったら自分が困る」ということと，「でももっと必要なところに届けるべきかも」とで迷うところでしょう。「買い占め」には犯罪性がないものの，社会への影響は大きいです。必要なところに必要なものが足りないと社会が回らなくなります。

　そして，生成AIによるデマ画像を示し，「被災地を助けよう!! みんなならどうする？」と問うて考えさせるのです。ここでの問題は，「情報はウソだけれど，やろうとしていることは（一見）善」ということです。子供たちは迷います。しかし大きな目で見ると被災地への偏見につながることは間違いないでしょう。

　最後は，「新型コロナウイルスは26〜27度くらいで死滅するのでお湯を飲むと殺菌効果があるらしい！ みんなならどうする？」です。これは，「たとえ広めて多くの人が実践しても影響は小さい」というもの。これらすべて，「デマ」であるという共通点があります。

　そして授業の結末部分の前に紹介したいのが「豊川信用金庫取り付け騒ぎ」です。これは，ある高校生の雑談がきっかけで取り付け騒ぎが起こったという恐ろしい事案です。「軽い気持ちの発信が大きな出来事につながる可能性がある」という具体事例として示してから学習のまとめを行いましょう。

参考文献・資料 （Web サイトは2023年10月18日最終閲覧）

〇総務省｜令和２年版情報通信白書／誤情報やフェイクニュースの流布

（https://www.soumu.go.jp/johotsusintokei/whitepaper/ja/r02/html/nd123110.html）

〇東京くらしねっと　令和４年１・２月号｜身近にあるフェイクニュース，誰もがだまされる!?

（https://www.shouhiseikatu.metro.tokyo.lg.jp/kurashi/2201_02/wadai.html）

〇 CLIP ｜記憶に残る日本のデマ事件からネットリテラシーを学ぶ［豊川信用金庫事件］

（https://yourclip.life/post/20200331fakenews/）

〇 NHK 首都圏ナビ｜SNS で拡散 "AI 生成の偽の災害画像" ファクトチェックはどうする

（https://www.nhk.or.jp/shutoken/newsup/20220930b.html）

単元の実際

第１時 （導入）	［大ネタで導入］ 〇大変大変!! 聞いて聞いて!! みんなならこんなときどうする？ ［小ネタで進める］ 〇５Ｇの電波を通して新型コロナウイルスが広がっているらしい！　どうする？ 〇トイレットペーパー生産の多くは中国で行われており，新型コロナウイルスの影響で輸入が止まって在庫がなくなるらしい！　どうする？ ［発問で突っ込む］ 〇このような情報を受け取ったとき，すべきことは？
第２時	［大ネタで導入］ 〇大変大変!! 聞いて聞いて!! みんなならこんなときどうする？ ［小ネタで突っ込む］ 〇被災地が大変!! この画像を見て!! どうする？ ［発問で突っ込む］ 〇このような情報を受け取ったとき，すべきことは？ ［小ネタで進める］ 〇新型コロナウイルスは26〜27度くらいで死滅するのでお湯を飲むと殺菌効果があるらしい！　どうする？ ［発問で進める］ 〇情報を受け取ったとき，すべきことは？ ［小ネタで深める］ 〇みんなの家が利用している銀行がつぶれるらしい！　どうする？ ［発問でまとめる］ 〇情報を発信するとき，すべきことは？
第３時	［発問でまとめる］ 〇「わたしたちの」情報利用チェックシートを作ろう！

授業展開と発問例

🕐**第1時**

　大ネタで導入します。

[発問] 「大変大変!! 聞いて聞いて!! みんなならこんなときどうする？」

①５Gの電波を通して新型コロナウイルスが広がっているらしい

②トイレットペーパー生産の多くは中国で行われており，新型コロナウイル
　スの影響で輸入が止まって在庫がなくなるらしい

この①と②について，まずは個々でどうするかを考えさせます。まとめてで
も，１つずつ進めてもよいでしょう。そして，

[発問] 「このような情報を受け取ったとき，すべきことは？」

と尋ねます。「急いでどうするか決めないと!! 困ることになるかもよ！」と
判断を揺さぶるのがよいでしょう。意見を交流させた後，２つともデマであ
り，実際に2020年に広がり，社会を混乱させたことを伝えます。ポイントは，
「受け取ったとき」に焦点を当てているところです。要するに「信じるか信
じないか」ということ。その後教科書を読んで語句確認をし，同じように

[発問] 「このような情報を受け取ったとき，すべきことは？」

と問いましょう。

🕐**第2時**

　大ネタで導入します。

[発問] 「大変大変!! 聞いて聞いて!! みんなならこんなときどうする？」

　１つ目は，2022年の静岡豪雨の事例です。ここでは実際に流されたフェイ
ク画像を見せます（画像は先述の参考資料を利用してください）。そして，
「静岡が大変だから画像を拡散してみんなで募金を少しでも増やそう」とい
う文言をつけるのです。どうするかを子供たちに確認します。ポイントは，
「画像はウソだが，助けたいという善意は否定されるものではない」という
ことです。でもデマはデマです。

　２つ目は，実際に流れた新型コロナ対策のものです。「新型コロナウイル

スは26〜27度くらいで死滅するのでお湯を飲むと殺菌効果がある！ みんなに知らせてあげよう！！」というもの。

　3つ目は，「『いつも利用している銀行がつぶれるらしい！！ お金を引き出しておいた方がいいよ』と親戚から電話がかかってきたら？」と，「豊川信用金庫事件」を例にします。これは，2人の女子高生の世間話が大きくなり実際に大騒ぎになった事件です。詳細は参考資料のリンクより。

　その後，

[発問]「このような情報を受け取ったとき，すべきことは？」

と尋ねます。交流させた後，災害はあったが，1つ目は画像がデマであり，実際に2022年に広がり，社会を混乱させたことを伝えます。2つ目は科学的根拠なしのデマですが，難しいのは，拡散してみんなが実行したところで大した影響はないことです。それでもデマは広めないということを伝えてよいでしょう。3つ目は単なる勘違いであり，噂が大きくなって起こった実際の事件だと伝えます。前時同様，「助けるために早く決めなきゃ！」などと揺さぶると盛り上がります。交流後，教科書を読んで語句確認を行い，

[発問]「情報を発信するとき，すべき（気をつける）ことは？」

と尋ねます。今回は特に「発信」に焦点を当てていることに注意です。

🕐第3時

　単元のまとめの時間です。発問でまとめにつなげましょう。

[発問]「『わたしたちの』情報利用チェックシートを作ろう！」

　第1・2時で行った通り，情報を受け取ったときと情報を発信するときに分けて考えるとよいでしょう。教科書にチェックリストが掲載されている場合がありますから，ぜひ参考にするとよいでしょう。

情報を本当に生かすためには？

組　名前（　　　　　　　　　）

✅問1　大変大変!! 聞いて聞いて!! みんなならこんなときどうする？

①5Gの電波を通して新型（がた）コロナウイルスが広がっているらしい！ どうする？

②トイレットペーパー生産の多くは中国で行われており，新型コロナウイルスのえいきょうで輸入が止まって在庫がなくなるらしい！ どうする？

✅問2　このような情報を受け取ったとき，すべきことは？

✅問3　教科書や資料集を見て答えよう。

①インターネットを利用する人は　増加　　減少　している。

②インターネットを利用した犯罪数（はんざい）は　増加　　減少　しており，インターネットを利用したショッピングの売り上げも　増加　　減少　している。

③インターネットは便利だが，中には有害な情報も　ある　　ない　。

④インターネットを利用できる機器として，

　スマートフォン　　固定電話　が急速にふきゅうしている。

✅問4　授業初めに見たような情報を受け取ったとき，すべきことは？

✓ 問5　大変大変!! 聞いて聞いて!! みんなならこんなときどうする?

① （画像を見て）「水害で静岡が大変だから，画像を拡散してみんなで募金を少しでも増やそう」とクラスの友達から連らくがきた

② 「新型コロナウイルスは26〜27度くらいで死ぬのでお湯を飲むと殺菌効果がある！　みんなに知らせてあげよう!!」とクラスの友達から連らくがきた

③ 「いつも利用している銀行がつぶれるらしい!!　お金を引き出しておいたほうがいいよ」と親せきから電話がかかってきた

✓ 問6　このような情報を受け取ったとき，すべきことは?

✓ 問7　教科書や資料集を見て答えよう。

① インターネットで受け取る情報はいつも　正しい　　正しいわけではない　ので，利用するときは情報源などを確認したほうがよい。

② 世界中の情報をいつ，どこでも見たり発信したりすることができるメディアのことを　新聞　　インターネット　という。

③ 情報を発信するときは情報の正誤だけでなく，　天気　　個人情報　などに気をつけて発信しなくてはならない。

✓ 問8　情報を発信するとき，すべき（気をつける）ことは?

✅ 問9 「わたしたちの」情報利用チェックシートを作ろう！

	番号	チェックすること	○×を書こう
〈情報を受け取ったとき〉	①		
	②		
	③		
	④		
	⑤		

	番号	チェックすること	○×を書こう
〈情報を発信するとき〉	①		
	②		
	③		
	④		
	⑤		

授業をもっと楽しくする +α ネタ

⚠ 様々なメディアがある方がいいのか？

　今からちょうど100年ほど前に新たなメディアの形として登場したのがラジオ放送でした。すぐさま新聞に代わる勢いで世の中に広まります。この時代は，決まった時間にラジオ体操が始まり，決まった時間にニュースが読まれる。つまり日本に住む人たちは同じ情報を同じ時間に，同じように受け取っていたのです。時代は下りますが20代の先生が，私たちの過ごした1990年代は「みんな月曜日に○○を観て，火曜日は○○を観ないと次の日に学校で話についていけなかった」という話を聞くと「思い出が共有されていてうらやましい」と言っていました。現在のような受け取り切れない情報にあふれた社会は，実は多くの人にとってストレスフルなのでしょう。一方で，100年前のような社会ではメディア側が人々のコントロールをすることを容易にします。さて，どちらの社会がよいのでしょう。ただ，注意が必要なのは，現在，多くの日本人が「何でも情報が手に入る」と感じている一方で，この範囲は Web 上の 5 ％未満。これが Web 上の全情報のうちの日本語の割合であることを忘れてはいけません。

⚠ 他教科でも学べる「メディアリテラシー」

　情報の利用の分野は社会科だけの学習内容ではありません。例えば，NHK 高校講座の「現代の国語」で放送されていた「『ファクト』と『フェイク』」の回は，高校生向け番組ですが小学生でも一部参考にできるところがあるので見てみてください。番組内では例えば，「だ・い・じ・か・な」で情報を確認するというものがあります。「だ→誰が，い→いつ，じ→事実，か→関係，な→なぜ」です。詳しくは右の QR コードから。

⊙ 情報モラル学習だけではない情報利用の問題

昨今「読解力」とともに情報を読み取る力について述べられることが多くなってきています。ここでは，小学校レベルの読解力の達成度に関する「『事実上の』世界標準」とされる，教育における国際的なアメリカの評価組織，IEA（International Association for the Evaluation of Educational Achievement）の取り組み，PIRLS（Progress in International Reading Literacy Study）から，デジタル上のリーディングについて述べられている部分の一節を紹介します。

A fundamental component of successful internet research and comprehension is the ability to locate information that meets one's needs. ……Internet searches for information require the additional comprehension demands of inferring the potential usefulness of yet unseen texts (e.g., when evaluating search engine results or links). ……This may involve self-regulatory processes to maintain focus on the task at hand, so as not to be distracted by other interesting topics or advertising. (PIRLS 2021 Assessment Frameworks, p.11, 一部省略)

ここでは，「インターネットの検索と理解を成功させるために基本的な力は，必要な情報にたどり着く力だ」「インターネットで検索する人は，まだ見ぬ資料のまだ見ぬ有用性を推測する力が要求される」「このためには，他の面白いトピックや広告に気を散らされないように目の前の課題に集中する自己調整のプロセスが必要かもしれない」など，興味深い内容が記述されています。情報モラルの学習に注目されがちな日本の小学校の情報の学習ですが，今後はこのような能力に注目して指導する必要も出てくるでしょう。全文は右の QR コードから。

03-1 災害に備えて何ができる？
―あの街はどんな街!? 「重ねるハザードマップ」で見る―

　日本が災害大国であることはよく知られています。分かりやすいのは地震で，海外に行くと建物の柱の少なさや架橋の脚の細さに驚きます。日本より雪が降る国もあるし，地震が来る国もある。台風が来る国もあるし火山がある国もある。しかし，様々な種類の自然災害に，毎年被害を受ける国は世界にもほとんど例がないといってよいでしょう。単元の最初には，「学習前の個々の災害のイメージ」とも呼べる「○○は……で起こるから△△すればよい」というまとめ方をさせます。しかし，実は個々の災害はいつでもどこでも起こり得るし，普段から備える必要があることに気づかせたいところです。

ここで使える！ネタ一覧

小ネタ：○○・雷・火事・親父→怖いもののたとえ。○に入るのは？

　　　：東北地方に伝わる命を救う合言葉，「津波てんでんこ」とは？

　　　：徳島県を走る最先端の乗り物「DMV」とは？

　　　：台風が「絶対に上陸しない」都道府県とは？

　　　：鹿児島市の人が晴れでも傘を持っていく理由とは？

　　　：火砕流に襲われた大野木場小学校で犠牲者が出なかった秘密とは？

　　　：あなたの街はどんな街？「重ねるハザードマップ」で見る

💡 ○○・雷・火事・親父→怖いもののたとえ。○に入るのは？

　江戸時代から伝わる怖いもののたとえですが（今となっては「親父」が怖いというのは時代遅れの気もしますが），とにかく語呂のよさからよく知ら

れています。また，「親父は『おおやじ』といって，台風のこと」とする説もあります。現在の小学生はすでに東日本大震災ですら経験していません。そんな中，「昔から伝わる怖いものに地震が入っている」ことに立ち止まり，過去の地震の被害や人々の歩みを知るきっかけとすることができるでしょう。

東北地方に伝わる命を救う合言葉，「津波てんでんこ」とは？

2011年の東日本大震災で有名になった言葉があります。それが「津波てんでんこ」です。意味は「津波が来たら，てんでばらばらに逃げなさい」というもの。誰かを探したり指示を待たなかったりすることが結果として，多くの人たちの命を守ることの教えです。子供たちにはこの言葉の意味から考えさせるとよいでしょう。これもまた，普段からの備えの大切さを知ること，そして先人の知恵の尊さにも触れさせることのできるよい例となるでしょう。

鹿児島市の人が晴れでも傘を持っていく理由とは？

答えは「火山灰が降るから」。私は車を一晩ホテルの駐車場に停めていただけで，フロントガラスが灰でおおわれていました。これが鹿児島市の日常です。鹿児島市では年中，昼夜問わず桜島から火山灰が降っています。灰は収集車が回収してくれます。要するに，税金で回収を行うくらい火山灰が身近なのです。雪国の除雪の感覚に近いかもしれません。

火砕流に襲われた大野木場小学校で犠牲者が出なかった秘密とは？

大野木場小学校は1991年9月15日，雲仙普賢岳の噴火により発生した火砕流に巻き込まれてしまいました。熱でボロボロになった校舎が今でも当時のまま遺構として残されています。運動場の鉄棒は曲がり，窓は一欠片も残っていません。訪問したとき，「どのくらいの犠牲者が出たのか」と思い，案

内板を読んでみると，なんとこの場所での犠牲者はゼロ。当時は全員避難をしていたそうです。子供たちにはこの出来事に触れさせ，「準備をしておくことの大切さ」に気づいてもらいましょう。

あなたの街はどんな街？「重ねるハザードマップ」で見る

　国土交通省の「重ねるハザードマップ」「重ねるハザードマップ３Ｄ」とは，全国の地図において災害の危険がある場所を災害種別で見ることができるサービスです。これを使って，「有名人が住む街のハザードマップ」を見てみましょう。有名人とは，ドラえもん（東京都練馬区），サザエさん（東京都世田谷区），ちびまる子ちゃん（静岡市清水区），クレヨンしんちゃん（埼玉県春日部市），忍たま乱太郎（兵庫県尼崎市）などです。「彼らのための避難計画」を立てるという学習活動を行うのです。さらに，４年生で自分の地域のハザードマップを見ていない子供たちなら，ここから発展させて「自分たちの街の避難計画を立てよう」とつなげることができます。

参考文献・資料　（Web サイトは2023年10月31日最終閲覧）

○柴山元彦・戟忠希『自然災害から人命を守るための防災教育マニュアル』創元社，2015

○朝日新聞社『災害大国・迫る危機　日本列島ハザードマップ』朝日新聞出版，2013

○警視庁｜「津波てんでんこ」
　（https://www.keishicho.metro.tokyo.lg.jp/kurashi/saigai/yakudachi/weather/1237503238468816896.html）

○阿佐海岸鉄道株式会社｜DMV（デュアル・モード・ビークル）とは？
　（https://asatetu.com/archives/156/）

○ TBS NEWS DIG｜線路も道路も二刀流！世界初の乗り物「DMV」が四国の小さな町に…県外利用者"倍増"　路線維持→災害時にも活用へ（テレビ news23 2023年５月３日）

○国土交通省｜ハザードマップポータルサイト／重ねるハザードマップ
　（https://disaportal.gsi.go.jp）

○応用地質株式会社「防災・減災のススメ 2022-2023年版」
　（https://www.oyo.co.jp/pdf/social_contribution/OYO_bousai-gensai-no-susume.pdf）

単元の実際

第1時 （導入）	[小ネタで導入] ○「○○・雷・火事・親父」→怖いもののたとえ。○に入るのは？ [発問で深め，まとめる] ○「災害」と聞いて，知っているものは？ ○地震のために，誰がどんな備えをしておくべきか？
第2時	[小ネタで導入] ○東北地方に伝わる命を救う合言葉，「津波てんでんこ」の意味は？ ○全国で唯一電車が走っていない都道府県は？ ○「津波は○○で起こるから，△△するとよい」 ○津波クイズ！ ○×で答えよう [大ネタで広げる] ○「重ねるハザードマップ3D」で津波の被害想定区域を見よう [発問でまとめる] ○津波のために，誰がどんな備えをしておくべきか？
第3時	[小ネタで導入] ○風水害クイズ！ ○×で答えよう [発問で確認する] ○「風水害は○○で起こるから，△△するとよい」 [大ネタで広げる] ○「重ねるハザードマップ3D」で洪水・高潮の被害想定区域を見よう [発問でまとめる] ○風水害のために，誰がどんな備えをしておくべきか？
第4時	[小ネタで導入] ○火砕流に襲われた大野木場小学校。犠牲者が出なかった秘密とは？ ○覚えている!? 北海道や日本海側の積雪によって起こる影響とは？ ○火山災害・雪害クイズ！ ○×で答えよう [発問でまとめる] ○火山災害・雪害のために，誰がどんな備えをしておくべきか？
第5時	[発問で単元のまとめ] ○有名人の街のハザードマップを見て，災害に向けたアドバイスをしよう！

授業展開と発問例

🕐 第1時

[発問]「『○○・雷・火事・親父』。これは昔から伝わる怖いもののたとえ。

さて，○には何が入る？」

と尋ねます。答えは「地震」。次に，

発問 「『親父』は『父』ではなく，「おおやじ」という説もある。さて，『おおやじ』とは？」

と問います。答えは「台風」。軽く答えさせた後，答えが出なければ「おおやじ」は漢字で「大風」だと示し，ヒントとしてもよいでしょう。この後，

発問 「『災害』と聞いて，知っているものは？」

と問います。そして活動の途中で教科書を読みましょう。そうすると災害の種類がある程度出てきます。さらに，地震の学習も行います。

発問 「地震のために，誰がどんな備えをしておくべきか？」

と尋ね，まとめます。ここでは「自分」ともう1つ立場を選んで，何を備えておくべきかをまとめるとよいです。また，この第1時を「災害を知る時間」と「地震を学ぶ時間」の2つに分けるのもよいでしょう。

⏱第2時

小ネタのクイズで導入しましょう。

クイズ 「東北地方に伝わる命を救う合言葉，『津波てんでんこ』の意味は？」

と問います。選択肢で答えさせるとよいでしょう。答えは「津波が来たら，てんでばらばらに逃げなさい」というもの。実際にたくさんの人を救った「釜石の奇跡」のエピソードを話してもよいでしょう。

発問 「全国で唯一電車が走っていない都道府県は？」

答えは「徳島県」。代わりにDMVが走っています。追加で，

発問 「代わりに徳島県を走るDMV。これはどんな乗り物？」

と尋ねます。答えは「線路と道路どちらも走れる乗り物」です。Web上の動画を見せてもよいでしょう。そして，

発問 「なぜ電車ではなくDMVなの？ 正しい理由でないものを選ぼう」

と問います。正しい理由でないのは，「地形が複雑で線路をつくれないから」

です。災害に備えているということに触れるためのネタです。

　次は，津波に関する子供のイメージを確認します。

(発問)「津波は〇〇で起こるから，△△するとよい」

とまとめます。これは，最後にもう一度確認しますので軽くでよいです。

(クイズ)「津波クイズ！　〇×で答えよう」

と問い（個々の実態に配慮して取り扱ってください），一度答えさせた後，「教科書を読んで答えを変えてもいいよ」と言って教科書を読み，答え合わせをしましょう。

　そして大ネタで広げます。

(発問)「『重ねるハザードマップ３Ｄ』で津波の被害想定区域を見よう」

と言ってまずは自分の地域，そして次は全国に広げて見てみましょう。個人で確認させても面白いでしょう。最後はまとめで，

(発問)「津波のために，誰がどんな備えをしておくべきか？」

　これは前時と同じように「自分」ともう１つ立場を選んで書かせましょう。

🕐 第3時

　小ネタで導入します。

(クイズ)「台風が『絶対に上陸しない』都道府県とは？」

　答えは，奈良県（海なし８県）と沖縄県。実は沖縄は台風が海から陸に通過しますが，「上陸」とはいいません。そして前回と同じように

(発問)「風水害は〇〇で起こるから，△△するとよい」

とまとめます。今回も最後にもう一度確認しますので軽くでよいです。次に，

(クイズ)「風水害クイズ！　〇×で答えよう」

と問いましょう。教科書を読んで答え合わせ。

　そして大ネタで広げます。

(発問)「『重ねるハザードマップ３Ｄ』で洪水・高潮の被害想定区域を見よう」

と言って，前時と同じようにまずは自分の地域，そして次は全国に広げて見てみましょう。最後はまとめで，

発問 「風水害のために，誰がどんな備えをしておくべきか？」

これも前時と同じように「自分」ともう1つ立場を選んで書かせます。

🕐第4時

小ネタで導入しましょう。

クイズ 「鹿児島市の人は晴れの日でも傘を持っていくことがある。なぜ？」

これは「火山灰が降るから」。

発問 「噴火による火砕流に襲われた大野木場小学校。犠牲者が出なかった秘密とは？」

これは，「避難をしていたから」。聞き方を工夫して先に学校の状態をHPなどの写真で見せて，「子供たちはどうなったと思う？」と聞いてもいいかもしれません。あらかじめ避難をしておく大切さも学べます。続いて，

発問 「覚えている!? 北海道や日本海側の積雪によって起こる影響とは？」

これは，春ごろの気候の学習で行った通り，「雪の重さで北海道や日本海側の東北では地殻がゆがむ」でした。そして今回も，

発問 「火山災害は○○で起こるから，△△するとよい」「雪害は○○で起こるから，△△するとよい」

とまとめて，確認。そして，ここからも前回同様，

クイズ 「火山災害・雪害クイズ！ ○×で答えよう」

と問い，教科書を読みます。火山災害・雪害は「重ねるハザードマップ」がないので発問でまとめます。

発問 「火山災害・雪害のために，誰がどんな備えをしておくべきか？」

🕐第5時

単元のまとめです。

発問 「有名人の街のハザードマップを見て，災害に向けたアドバイスをしよう！」

と言って，先述のキャラクターなどの街を例に挙げてまとめを行います。

災害に備えて何ができる？

組　　名前（　　　　　　　　　　　）

✅ **問１** 「○○・雷・火事・親父」。これは昔から伝わるこわいもののたとえ。さて，○には何が入る？（漢字２文字）

＿＿＿＿＿・雷・火事・親父

✅ **問２** 「親父」は「父」ではなく，「おおやじ」という説もある。さて，「おおやじ」とは？

（ヒント：漢字で書くと＿＿＿＿＿＿！！　←授業で言うよ！）

✅ **問３** 「災害」と聞いて，知っているものは？（何種類知っているかな？）

✅ **問４**　教科書や資料集を見て答えよう。

①地震は大地が＿＿ずれる＿＿とける＿＿ことによって起こる。

②日本は＿＿プレート＿＿地面のひび＿＿の境目が集中していて，世界でも地震が最も起こりやすい国の一つである。

③国が中心となり＿＿緊急地震速報＿＿緊急サイレン＿＿の仕組みが整えられている。これは地震の大きなゆれが予想される前に知らせてくれるものである。

④地震の被害を少なくするために＿＿ふだんからの＿＿直前の＿＿準備が大切である。

✅ **問５**　地震のために，だれがどんな備えをしておくべきか？

自分は，	べき。
＿＿＿＿＿＿は，	べき。

✅**問6　東北地方に伝わる命を救う合言葉,「津波てんでんこ」の意味は?**

　A：津波が来たら「でんでん」と太鼓を鳴らしてみんなに知らせましょう

　B：津波が来たら, てんでばらばらににげなさい

✅**問7　全国で唯一電車が走っていない都道府県は?**　＿＿＿＿＿＿＿＿

✅**問8　代わりにその都道府県を走るDMV。これはどんな乗り物?**

　A：大人数が乗れるバス　　B：速いヘリコプター

　C：線路も道路も走れる乗り物

✅**問9　なぜ電車ではなくDMVなの? 正しい理由でないものを選ぼう。**

　A：津波で道路や線路がふさがっても孤立する地域を出さないように

　B：地形が複雑で線路をつくれないから　　C：観光客が来るように

✅**問10　「津波は○○で起こるから, △△するとよい」と書いてみよう。**

津波は＿＿＿＿＿＿＿＿＿で起こるから,
するとよい。

✅**問11　津波クイズ!（○×）**

　①地震が起こると必ず津波が起こる ☐　　②津波の原因は必ず地震 ☐

　③飛行機くらいの速さが出ることもある ☐

　④一度の地震で何度も来ることがある ☐

✅**問12　教科書や資料集を見て答えよう。**

①津波のおそれがあるときは, 　海からはなれて　　船に乗って　安全なところに避難する。

②津波被害を減らすために, 津波避難タワーや　かべ　　防潮堤　が設置されている地域もある。

③津波災害を伝える伝承が日本の各地に残って　いる　　いない　。

④津波の被害を少なくするためにふだんからの備えが　必要　　必要でない　。

✅**問13　津波のために, だれがどんな備えをしておくべきか?**

自分は,	べき。
＿＿＿＿＿＿は,	べき。

☑ **問14　台風が「絶対に上陸しない」都道府県は次のうちどれ？**
（2つ○をしよう）

　①沖縄県　②北海道　③東京都　④奈良県　⑤鹿児島県

☑ **問15　「風水害は○○で起こるから，△△するとよい」と書いてみよう。**

風水害は_____で起こるから， 　　　　　　　　　　　　　　　　　　するとよい。

☑ **問16　風水害クイズ！（○×）**

　①日本には雨の多い季節や台風が多く来る季節がある　☐

　②台風が過ぎた後，晴れていたら警報が出ていても安全だ　☐

　③2010年からの10年間で日本の80％以上の地域が水害にあっている　☐

　④水害を防ぐため，地下に大きなスペースをつくっている地域もある　☐

　⑤風水害は日本のどこでも起こる可能性がある　☐

☑ **問17　教科書や資料集を見て答えよう。**

①自然災害を完全に防ぐことは不可能であるという考えのもと，被害を減ら
　そうとする取り組みを　 減災　 　災害被害減少対応　 という。

②ダムは川の水量を調節する役割や，　 土砂を防ぐ　 　つりをする場所　
　という役割がある。

③ふだんからハザードマップを確認するなどの備えが
　 必要　 　必要でない　 。

④土砂災害が起こる前は山から音がしたり，地面に　 ひび割れ　 　キノコ　
　ができたり，　 水　 　魚　 がわき出たりすることがある。

☑ **問18　風水害のために，だれがどんな備えをしておくべきか？**

自分は，　　　　　　　　　　　　　　　　　　　　　べき。
_____は，　　　　　　　　　　　　　　べき。

☑ **問19** 鹿児島市の人は晴れの日でもかさを持っていくことがある。なぜ？

A：天気が変わりやすい地域だから　　B：空から灰がふるから

C：かさが好きだから

☑ **問20**　火砕流におそわれた大野木場小学校。ぎせい者が出なかったひみつとは？

☑ **問21**　覚えている!? 北海道や日本海側の積雪によって起こるえいきょうとは？

☑ **問22** 「火山災害は〇〇で起こるから，△△するとよい」「雪害は〇〇で起こるから，△△するとよい」と書いてみよう。

火山災害は＿＿＿＿＿＿＿＿＿＿で起こるから，

＿＿＿＿＿＿＿＿＿＿＿するとよい。

雪害は＿＿＿＿＿＿＿＿＿＿で起こるから，

＿＿＿＿＿＿＿＿＿＿＿するとよい。

☑ **問23**　火山災害・雪害クイズ！（〇×）

①過去2000年間に国内で1000回以上火山が噴火している □

②気象庁は活火山を常に監視しているので，

いつ噴火するかが必ず分かる □

③日本では半分以上の地域が「雪がよくふる地域（豪雪地帯）」である □

④日本では毎年のように雪による被害が出ている □

☑ **問24**　教科書や資料集を見て答えよう。

①気象庁は火山の噴火に備えて，噴火の前ぶれがあると＿警報＿＿電話＿で知らせている。

②雪が多い地域では，道路のとう結や＿＿なだれ＿＿吹雪＿の発生を防ぐなど
の対策をしている。

☑**問25　火山災害・雪害のために，だれがどんな備えをしておくべきか？**

自分は，	べき。
＿＿＿＿＿＿＿＿は，	べき。

☑**問26　有名人の街のハザードマップを見て，起こりそうな災害と，災害
に向けたアドバイスを書こう！**

①東京都練馬区（ドラえもん）→ ＿＿＿＿＿＿＿＿＿＿＿＿＿＿＿

②東京都世田谷区（サザエさん）→ ＿＿＿＿＿＿＿＿＿＿＿＿＿＿

③静岡県静岡市清水区（ちびまる子ちゃん）→ ＿＿＿＿＿＿＿＿＿＿

④兵庫県尼崎市（忍たま乱太郎）→ ＿＿＿＿＿＿＿＿＿＿＿＿＿

⑤埼玉県春日部市（クレヨンしんちゃん）→ ＿＿＿＿＿＿＿＿＿＿

⑥その他→ ＿＿＿＿＿＿＿＿＿＿＿＿＿＿＿

選んだところ：＿＿＿＿＿＿

起こりやすい災害：＿＿＿＿＿＿＿＿＿＿＿＿＿＿＿＿＿＿

アドバイス（○○が起こる可能性があるから……しよう）

授業をもっと楽しくする ＋α ネタ

「たき火」の歌から「防災」を学ぶ

　昔から火事は日本の代表的な災害でした。そんな日本では昔から火事への備えが行われてきました。その一つが「さざんかの垣根」です。日本の家では火事の延焼を防ぐために，燃えにくい木を生垣として植えることがありました。現在では歌のような生垣も，落ち葉焚きも見られることがほぼありませんが，昔から日本では災害に対する備えがあったことは知っておいてもよいでしょう。

鹿児島市の人の日用品，「克灰袋」とは？

　鹿児島市では克灰袋（こくはいぶくろ）というものを役所などで受け取り，そこに火山灰を入れて指定の場所に持っていくと回収してもらえます。つまり，「火山灰用のゴミステーション」があり，「火山灰用のゴミ収集」が社会システムとして存在するのです。他都道府県の人たちのほとんどは実感がわきませんが，日本には地域によって身近な災害がそれぞれあるのです。

「末の松山　波越さじとは」 清少納言のお父上に防災を学ぶ

　百人一首の中に，「契りきな　かたみに袖を　しぼりつつ　末の松山　波越さじとは」という句があります。これは清少納言の父である清原元輔の句です。意味は，「約束したのに，お互いに泣いて涙にぬれた着物の袖を絞りながら。末の松山を波が越すことなんてあり得ないように，決して心変わりしないと」というもの。「あぁ，百人一首にありがちな恋の歌ね」と侮ることなかれ。ここで注目したいのは「末の松山　波越さじとは」の部分。実はこの「末の松山」という場所は宮城県の多賀城市にあります。元輔がこのままの句を詠んだかは別として，元輔以外にも末の松山

を句に入れる人たちがたくさんいたことが分かっています。おそらく平安時代の「貞観地震」の経験が当時の人々に影響を与えたことは間違いないでしょう。実際，現在のこの地域の人たちにも「末の松山に行けば助かる」という言い伝えが残っていたのは事実。震災後に現地を訪れましたが，現在の末の松山には津波は到達しなかったようです。このように「言い伝え」を侮ることはできません。幸い2019年に「自然災害伝承碑」が新しい地図記号として登場しました。これは，過去に起こった津波，洪水，火山災害，土砂災害などの自然災害の情報を伝える石碑やモニュメントを表す記号です。自身の地域にはどんなものがあるか，確認してみるところから中学年の地域学習を始めるのもいいですね。

環　境

参考資料　（2024年3月1日最終閲覧）
○小倉山荘 HP｜ちょっと差がつく『百人一首講座』No.049
　（https://ogurasansou.jp.net/columns/hyakunin/2017/10/17/1198/）

03-2 森林とわたしたちの生活 ―2024年度から開始！ 一人1000円の増税とは!?―

　国土の約70％を森林が占める日本。そんな日本では2024年度から国民一人当たり1000円の増税が始まります。それが「森林環境税」です。さて，子供たちはこの増税に賛成でしょうか，反対でしょうか？ 初めはきっと「反対」が多数を占めるでしょう。農学博士の藤森隆郎氏によると，「日本では伐採後の土地を放っておいても森に戻るというのは本当」だそうです。しかし，人が利用していくために都合のいい姿ではないということが真実だそう。資源の少ない日本で，木材はほぼ100％自給できる数少ない自然資源。その維持管理のノウハウは継承されなければなりません。「自然災害を防ぐ」という目的を含む生態系サービスの一部だけではなく，日本という国で過ごしていくためにも，森林は人の手で守っていく必要があるのです。

ここで使える！ネタ一覧

大ネタ：2024年度から開始！ 一人1000円の増税とは!?

小ネタ：次のものを，日本で面積が大きい順に並べよう！
　　　　①森林　②住宅地　③農地　④水面・河川・水路　⑤道路
　　　：割りばしの秘密！ 国産割りばしを使うのはよい？ 悪い？
　　　：魚が獲れない！ 北海道えりも町の漁師がとった逆転の方法とは？

2024年度から開始！ 一人1000円の増税とは!?

　2024年度から住民税に合わせて徴税されるのが上で述べた「森林環境税」です。現在，約6200万人が対象となるため，単純計算で620億円が税収とし

て見込まれます。目的は簡単にいえば①森林整備 ②その他，所有者不明などの問題対応 ③温室効果ガス排出量削減 ④災害防止 等です。かつて林業は日本の一大産業でした。しかし，現在はなり手不足からどうしても国が手を入れないといけない状態になりました。さて，山間部に住む子供たちならまだしも，都市部に住む子たちに「森林環境税に賛成？」と聞いたらどう考えるでしょう。この問いをきっかけとして，森林が私たちにどのように関わっているのかを考えていきたいところです。

💡 割りばしの秘密！ 国産割りばしを使うのは環境によい？ 悪い？

　私の記憶では90年代には，割りばしは悪という風潮がありました。また，一時期は「MY 箸」が流行ろうとしたこともありました。しかし現在，少なくとも国産の割りばしの多くに関しては間伐材が使われていることは周知の通りです。子供たちの中には「木を切ること＝環境破壊」と思っている子も少なくありません。この割りばしの「間伐材利用」の事例から，森林で働く人の仕事について，「維持管理の必要性」や「間伐が定期的な収入源」でもあることに気づかせましょう。

💡 魚が獲れない！ 北海道えりも町の漁師がとった逆転の方法とは？

　この事例はご存じの方も多いでしょう。『森をそだてる漁師の話』として絵本にもなっています。明治時代からの開発によって，約70年前には「えりも砂漠」と呼ばれるほど荒れてしまったえりも町。そんなえりも町では現在は青々と森林が広がっています。実は，先頭に立ってえりも岬に森林を復活させたのは漁師たちでした。荒れた土地のせいで森林から運ばれる栄養がなくなり，海が荒れ，魚や海藻がとれなくなっていたのです。この事例から森林のはたらきや，自分たちの生活とも関わっているということにも気づかせたいです。

参考文献・資料 （Webサイトは2023年10月20日最終閲覧）

○藤森隆郎『「なぜ3割間伐か？」林業の疑問に答える本』全国林業改良普及協会，2015

○野坂勇作文・絵『森をそだてる漁師の話』福音館書店，1996

○国土交通省｜令和5年版土地白書　（https://www.mlit.go.jp/statistics/content/001613942.pdf）

○朝日新聞SDGs ACTION！｜森林環境税とは？　創設の背景や問題点，税金の活用事例を解説

　（https://www.asahi.com/sdgs/article/15000255）

○林野庁「森林経営管理法の概要と所有者不明森林への対応」令和2年

　（https://www.rinya.maff.go.jp/j/keikaku/keieikanri/attach/pdf/kentoukai-11.pdf）

○森林・林業学習館｜割り箸とその現状

　（https://www.shinrin-ringyou.com/topics/waribashi.php）

単元の実際

第1時 （導入）	[小ネタで導入] ○次のものを，日本で面積が大きい順に並べよう！ [大ネタで広げる] ○2024年度から開始！　一人1000円の増税とは!? [発問で突っ込む] ○なぜみんなで森林のためにお金を出し合わなくてはならないのか？
第2時	[小ネタで導入] ○割りばしの秘密！　国産割りばしを使うのはいいこと？ [発問で突っ込む] ○なぜみんなで森林のためにお金を出し合わなくてはならないのか？
第3時	[発問で導入] ○森林のはたらきとは？　全部挙げよう！ [小ネタでつなげる] ○魚が獲れない！　北海道えりも町の漁師がとった逆転の方法とは？ [発問で再確認] ○森林のはたらきとは？　全部挙げよう！ ○なぜみんなで森林のためにお金を出し合わなくてはならないのか？
第4時	[発問でまとめる] ○森林を守るために，どんな人がどんなことをできるのか？

授業展開と発問例

🕐第1時

　単元の最初，日本はいかに森林が多い国土をもつかに気づかせます。

発問 「次のものを，日本で面積が大きい順に並べよう！」

①森林　②住宅地　③農地　④水面・河川・水路　⑤道路

　答えは森林（66.2％）→農地（11.6％）→道路（3.7％）→水面・河川・水路（3.6％）→住宅地（3.2％）の順。森林率は先進国の中ではトップクラスであることも伝えます。

発問 「2024年度から開始！　一人1000円の増税とは!?」

　答えは「森林環境税」。その後，この森林環境税に賛成か反対かを聞きます。ここでは深める必要はありません。「環境」は無条件に大事ですから，多くの子たちが「賛成」かもしれません。その場合は，「何に使うの？」「木は勝手に育つんじゃないの？」「都市と山間部で金額を分けた方がいいんじゃない？」などと揺さぶります。その後，教科書を読みます。そして，

発問 「なぜみんなで森林のためにお金を出し合わなくてはならないのか？」

と尋ね，本時のまとめとしましょう。ここでは「森林のはたらき」の詳細は出てこなくてもよいでしょう。

🕐第2時

　本時は，「森林の有効利用には手入れが必要」ということに気づかせる時間です。まずは，

発問 「国産割りばしと何度も使える箸，使うならどっち？」

と聞き，

発問 「国産割りばしを使うのはいいこと？　いいことではない？」

と尋ねましょう。実は国産の割りばしのほとんどは間伐材によって作られています。林業従事者にとって，間伐材による定期的な収入は重要です。そうでないと，一度植えた木が育つまで数十年収入がなくなってしまうからです。教科書に記述がなければ，間伐材を割りばしにしたり，チップにしたり，バイオマス発電に活用したりすることで定期的に収入を得られることに触れてもよいでしょう。次に，教科書を読んで林業の仕事，手入れの重要さやなり手不足等，現在の林業の厳しい状況を確認します。その後，日本には私有林

が6割，そのうち所有者不明などで経営管理が不十分なものが約3分の2あることにも触れてもよいでしょう。そして最後，

[発問]「なぜみんなで森林のためにお金を出し合わなくてはならないのか？」
と尋ねましょう。本時の学習内容のうち，林業の厳しい現状が出てくるとよいでしょう。

🕐第3時

本時は，「森林のはたらき」を知る時間です。まずは導入発問でチェック。
[発問]「『森林のはたらき』とは？ 全部挙げよう！」
と聞いて，子供たちの現状を知りましょう。ここでは軽く扱います。そして小ネタでつなげます。
[発問]「魚が獲れない！ 北海道えりも町の漁師がとった逆転の方法とは？」
と聞いてみましょう。答えを考えさせたところで答え合わせ。答えは「木を植えた」。あわせて『森をそだてる漁師のはなし』の絵本を読んでもよいでしょう。ここまで進めた後，教科書を読んで森林の様々なはたらきについて確認します。その後もう一度，
[発問]「『森林のはたらき』を全部挙げよう！」
と確認をします。災害を防いだり，海に栄養を運んだりすることも出るとよいでしょう。そして最後に，
[発問]「なぜみんなで森林のためにお金を出し合わなくてはならないのか？」
と尋ねます。森林のはたらきを守るための活動が出てくるとよいでしょう。

🕐第4時

単元のまとめの発問をします。
[発問]「森林を守るために，どんな人がどんなことをできるのか？」
ここでは森林のはたらきや林業の苦労などが出てくるとよいでしょう。述べる立場を「自分」ともう1つ考えさせると深まるでしょう。

森林とわたしたちの生活

組　名前（　　　　　　　　　）

✅問１　次のものを，日本で面積が大きい順にならべよう！

①森林　②住宅地（たく）　③農地　④水面・河川（かせん）・水路　⑤道路

_____ → _____ → _____ → _____ → _____

✅問２　2024年度から開始！　一人1000円の増税（ぜい）とは!?

① SNS 税　②森林環境税（かん）　③ペット税　④ゲーム税

★あなたはこの税金をはらうことに賛成？　反対？（○をして理由を書こう）

> わたしは　賛成　　反対　だ！　なぜなら
>
>
>
>

✅問３　教科書や資料集を見て答えよう。

①日本の森林面積は，国土の　20％以下　　60％以上　をしめている。

②森林資源（げん）を利用し，木を売るなどの産業の名前を　林業　　漁業　という。

③森林のうち，多いのは　人工林　　天然林　である。

④日本の国土のうち，農業に使われているのは　約12　　約18　％である。

✅問４　なぜみんなで森林のためにお金を出し合わなくてはならないのか？（たぶんで OK！）

> 　　　　　　　　　　　　　　　　　　　　　　　　　から。

✅問５　あなたは食事に行くとどれを使う？

①わりばし　②洗（あら）って何度も使えるはし　③ My はしを持っていく

わたしは，_____を選ぶ！

✅ 問6　わりばしはわりばしでも「日本産（国産）」のわりばしを使うことは「いいこと」か，「いいことではない」か？

> いいこと　　いいことではない　！　なぜなら

✅ 問7　教科書や資料集を見て答えよう。

①日本の森林は，　天然林　　人工林　のほうが多い。

②天然林は，人の手が入って　いる　　いない　森林のことで，
　　少ない　　いろいろな　種類の生き物が生息している。

③人工林は，人の手が入って　いる　　いない　森林のことで，ふつう
　植えられる木の種類は　多い　　少ない　。

④林業をする人数は　減っている　　減っていない　。また，高齢化している。

⑤現在，多く使われているのは　国産　　外国産　の木材である。

⑥国産のわりばしのほとんどは間伐材を使って　いる　　いない　。

⑦人工林は間伐などの手入れをしないと　いたんでいく　　元気になる　。

✅ 問8　なぜみんなで森林のためにお金を出し合わなくてはならないのか？（授業をふり返って考えよう）

>
>
> から。

✅ 問9　「森林のはたらき」とは？　思いつくものを全部挙げよう！

>
>
>

☑️ 問10　魚がとれない！　北海道えりも町の漁師がとった
　　逆転の方法とは？（○をしよう）

　①全員漁師を辞めた　②木を植えた　③海にえさをまいた

☑️ 問11　教科書や資料集を見て答えよう。

人工林は間伐などの手入れをしないと　いたんでいく　~~元気になる~~　。

（前の時間と同じ問題です）

☑️ 問12　教科書や資料集を見て，「森林のはたらき」を全部挙げよう！

☑️ 問13　なぜみんなで森林のためにお金を出し合わなくてはならないのか？
　　（授業をふり返って考えよう）

　　　　　　　　　　　　　　　　　　　　　　　　　　　　　から。

☑️ 問14　森林を守るために，どんな人がどんなことをできるのか？「自分」
　　ともう1つ，立場を考えて書こう！（これまでの学習をふり返って考え
　　よう）

03-3 環境を守るわたしたち
―どうしてこうなった!?―

　5年生社会科最後の単元です。教科書では四日市や北九州，京都の事例が挙げられています。共通するのは，①人の営みによって環境が変化し，②そこに住む人間を含めた生き物に悪影響を及ぼし，③人々の取り組みによって改善されてきた（現在でも解決されたわけではない）という3つのステップです。そして，環境を悪化させたのも改善させたのも次の3つの立場のそれぞれのはたらきが影響したということです。すなわち①公的機関（国や都道府県，市町村）②企業 ③市民です。子供たちが一人一人の市民として自分たちの生活を守り，向上させるためには自分たちの努力も欠かせないのです。

ここで使える！ネタ一覧

大ネタ：汚したのは誰だ？　原因を突き止めろ！
中ネタ：春のうららの隅田川。60年後の驚きの異名とは!?
　　　　：詩人，石垣りんさんの詩を読もう
　　　　：1960年代のウソ・ホント!? ○×クイズ

💡 汚したのは誰だ？　原因を突き止めろ！

　古来，人々にとって川はゴミ捨て場であり，埋葬場であり，清めの場所でした。川で洗濯し，ものを流し，清める。そうやって生きてきたのです。そうすれば川が何もかもを流してくれる，というのが人々と川との付き合い方でした。しかし，そのバランスが完全に崩れ，川が本来の姿を自分で維持できなくなったのが1960年代のことでした。人類の営みのスピードとボリュームに川の自浄作用が勝てなくなったのです。これは空気も同じでしょう。こ

のような人類誕生以来の営みが上手くいかなくなってきた時代，それが1950年代〜60年代で，特に不具合が出たのが60年代といえます。そこで，その当時の生活の常識に目を向け，先人の歩みに注目させることで，「企業が悪い！」「地方公共団体が悪い！」「現代の私たちは頑張っている！」だけに収まりがちな学習に一石を投じます。

春のうららの隅田川。60年後の驚きの異名とは!?

滝廉太郎の歌にも出てくる隅田川。春の美しい景色が目に浮かびます。しかし1963年の隅田川についた異名は「死の川」。まず子供たちに答えを予想させて，その後当時のニュース映像を見せてもう一度考えさせるとよいでしょう。東京の隅田川ではその汚染の深刻さから1961年〜1977年の間，隅田川花火大会が中止されるほどでした。しかしこれは東京に限ったことではありません。この例をもとに，NHK for School の動画でさらに広げることで当時の全国の水質汚染の深刻さに気づかせることができます。また，北九州，四日市の例を知る際も NHK for School を見るのがおすすめです。HP の検索ウィンドウに「公害」と入力して探してください。

詩人，石垣りんさんの詩を読もう

石垣りんさんは東京生まれの詩人ですが，公害がひどかったときの四日市を訪れていくつもの詩を残しました。この中の「ある晴れた日に」「風」「匂い」「あやまち」という詩を読むことで，当時の四日市の惨状が浮かんできます。教材として使いやすいのは「ある晴れた日に」や「匂い」でしょう。「四日市では太陽を肉眼で見られる（大気汚染のため）」という内容です。また，「匂い」は，四日市に通ってくる先生が「駅に着くと目をつぶっていても匂いですぐ分かる」という内容。ぜひ参考文献を読んでみてください。

　過去の人たちを現在の価値観で断罪することは簡単です。しかし，無意味です。極端にいえば，「江戸時代の将軍はクーラーもない生活でかわいそうだ」なんていうことと同じです。ただ，当時の出来事から，よいことは学び，悪いことは反省することが大切でしょう。

　1960年代は池田勇人首相の「国民所得倍増計画」で幕を開けた時代です。「もはや戦後ではない」のためにがむしゃらに働いた時代です。そして1967年，米の完全自給達成でようやく「お腹いっぱいご飯が食べられる時代」がやってきました。今の私たちに「お米がお腹いっぱい食べられない時代」をがむしゃらに生き，国を発展させてきた先人の感覚はどれだけ分かるでしょう。その「がむしゃら」の光の部分をここまで5年生では学習してきました。そして，副産物，闇の部分が公害ともいえます。ですから，この時代について毎時間◯×クイズをして学習の手がかりとしていきます。ここでようやく，5年生社会科の学習が完成するのです。

参考文献・資料　（Web サイトは2023年11月10日最終閲覧）

◯大貫直次郎・志村昌彦『クルマでわかる！日本の現代史』光文社，2011

◯石垣りん『石垣りん詩集』思潮社，1971

◯東京都下水道局「東京都区部下水道・下水処理100年史」

　（https://www.gesui.metro.tokyo.lg.jp/business/pdf/01_honpen.pdf）

◯東京都虹の下水道館「都市と下水道の歴史」

　（https://www.nijinogesuidoukan.jp/for_school/pdf/studytheme_history_toshigesuidou.pdf）

◯国土交通省「下水道事業の現状」（https://www.mlit.go.jp/common/000992294.pdf）

◯中日映画社「川は死んでしまう」

参考動画→

単元の実際

第1時 (導入)	[中ネタで導入] ○滝廉太郎の「花」を聴いて，どんな景色が浮かぶ？ ○この歌が作られた60年後，隅田川についた意外なあだ名とは？ ○ YouTube で「川は死んでしまう」を視聴する [発問で深める] ○なぜ，美しかった川がこんなに汚れてしまったのか？ 　→「誰が，どうしたから」と予想する
第2時	[中ネタで導入] ○詩人，石垣りんさんの詩を読もう ○1960年代のウソ・ホント!? ○×クイズ [発問で深める] ○なぜ，美しかった川がこんなに汚れてしまったのか？ 　→「誰が，どうしたから」とまとめなおす
第3時	[中ネタで時代背景を知る] ○1960年代のウソ・ホント!? ○×クイズ [発問で深める] ○なぜ，汚かった川がこんなにきれいになったのか？ 　→「誰が，どうしたから」とまとめる
第4時	[発問で単元のまとめ] ○環境を守っていくには，それぞれの立場で何をしなくてはならないか？

環　境

授業展開と発問例

⏲第1時

　滝廉太郎の「花」を聴き，

[発問]「この歌を聴いて，どんな景色が浮かぶ？」

と尋ねます。「春の景色」「きれいな川」などのプラス面が出ればOK。次に，

[発問]「この歌が作られた60年後，隅田川に意外なあだ名が!!　そのあだ名とは？」

と問い，その後先述の中日映画社の動画を見せて答え合わせ。そして，教科書を使って他の事例を確認した後，

[発問]「なぜ，美しかった川がこんなに汚れてしまったのか？」

と聞きます。「誰が，どうしたから」と予想し，共有するとよいでしょう。

🕐 第2時

　公害が局地的な水質汚染だけではないことを知るために，石垣りんさんの「ある晴れた日に」という詩を読むことから始めます。

[発問]「次の詩を読んで，空欄に入る言葉を考えよう！」

①四日市の太陽は＿＿＿＿＿で見ることができます。（2文字）

②駅に着けば目をつむっていてもわかります。＿＿＿＿＿んです。（3文字）

　答えは①肉眼 ②クサイ。そして理由を考えさせた後，時代背景に触れるためのクイズを行います。

[クイズ]「1960年代のウソ・ホント!? ○×クイズ」

　時代背景に触れた後，

[発問]「なぜ，美しかった川がこんなに汚れてしまったのか？」

と，前時と同じ発問をもう一度行い，再度教科書を読みます。そして，国全体が公害に悩まされていた時代であることに気づかせます。ここでも「誰が，どうしたから」とまとめなおします。そしてできれば企業の活動，国民の生活の仕方，国のシステムのどれかに気づけるとよいでしょう。

🕐 第3時

　1960年代クイズから入りましょう。

[クイズ]「1960年代のウソ・ホント!? ○×クイズ」

で時代背景に触れ，教科書を読み現在は環境が改善されていることを確認。

[発問]「なぜ，汚かった川がこんなにきれいになったのか？」

と聞き，これも「誰が，どうしたから」とまとめ，共有しましょう。

🕐 第4時

　まとめの時間です。

[発問]「環境を守っていくには，それぞれの立場で何をしなくてはならないか？」

と聞き，単元のまとめとしましょう。

環境を守るわたしたち

組　名前（　　　　　　　　　　）

☑️**問１　滝廉太郎の「花」という有名な歌をきいて，答えよう！**

①この歌をきいて，どんな景色がうかぶ？

②この歌が作られた約60年後，隅田川についた意外なあだ名とは？

＿＿＿＿＿＿川

★動画を見て答え合わせをしてみよう！

☑️**問２　教科書や資料集を見て答えよう。**

①現在の鴨川は市民の　　いこいの場　　　漁場　　となっている。

②約60年前の鴨川は　いこいの場　　ゴミだらけ　だった。

③鴨川でさかんな京友禅の染物を洗う作業は，今は　水道水　　地下水　を
利用し，使用後のよごれた水は　下水道　　川　に流している。

☑️**問３　鴨川ももっと昔は隅田川のようにきれいだった。ではなぜ，美し
かった川がこんなによごれてしまったのか？（教科書を読んで予想して
みよう）**

川がこんなによごれたのは，＿＿＿＿＿＿＿＿＿が

から。

※さっき見た動画を思い出してヒントにしよう!!

他の人の意見

✅問4　次の詩を読んで，問題に答えよう！

空らんに入る言葉を考えよう。

①四日市の太陽は＿＿＿＿＿で見ることができます。（２文字）

②駅に着けば目をつむっていてもわかります。＿＿＿＿＿んです。（３文字）

①②の理由を考えよう！

> これは，
>
> 　　　　　　　　　　　　　　　　　　　　　からだ！

✅問5　1960年代〇×クイズ！

①総理大臣が「国民の所得（収入みたいな意味）を10年で２倍にする」と言って，失敗した　☐

②川がきたなすぎて，花火大会が中止になってしまったことがある　☐

③1960年代は，90%以上の人の糞尿を川に流していた　☐

④1960年代まで，肥料として人の糞尿を利用していた　☐

⑤四日市市では，工場の出すけむりで空はよごれていた　☐

✅問6　教科書や資料集を見て答えよう。

①55〜60年前，多くの家や工場は使い終わった　水　　ゴミ　を川に流していた。

②1950年代後半から1970年ごろにかけて，産業が発展する一方で，日本全国に　公害　　スマートフォンの利用　が広がった。

③全国の川がよごれ，　海藻　あぶく　や　魚　におい　があり，ひどくよごれていた。

✅問7　なぜ，美しかった川がこんなによごれてしまったのか？（授業をふり返って考えよう）

> 　　　　　　　　　　　　　　　　　　　　　　　から。

✅ 問8　1960年代〇×クイズ！

①サザエさんとドラえもんの連載が開始された ☐

②1967年，東京湾の水質汚染で浅草のりが絶滅した ☐

③日本がアメリカに次ぐ第2位の経済大国になった ☐

✅ 問9　教科書や資料集を見て答えよう。

①市役所は川をよごさないように，<u>法律　下水道</u>を整備したり，工場の<u>排水　営業</u>を規制したりした。

②工場は，よごれた水を<u>川にそのまま　下水道に</u>流すようになった。

③国は環境を守るために，<u>法律　ロボット</u>をつくったり担当の機関をつくったりした。

④市民は環境を守るために様々な取り組みを<u>行っている　行っていない</u>。

⑤環境を守るためには，国や市役所，工場を経営する企業，そして<u>わたしたち（市民）　学校の先生</u>の三者が力を合わせなくてはならない。

✅ 問10　なぜ，きたなかった川がこんなにきれいになったのか？
（授業をふり返って考えよう）

から。

✅ 問11　環境を守っていくには，それぞれの立場で何をしなくてはならないか？（これまでの学習をふり返って考えよう）

国や県，市役所：

企業：

わたしたち（市民）：

語句確認・クイズの答え

＊各ワークシートで，教科書や資料集を使って確認をさせる語句・クイズの答えです。

工業01-1　日本の工業生産の特ちょう

問3〈語句確認〉①工業　②できる　問5東京都，神奈川県，大阪府
問6石川県，新潟県，愛媛県　問8〈語句確認〉①せんい，機械　②太平洋側，海ぞい，太平洋ベルト　③阪神　④中京，車　⑤中小工場数　⑥大工場

工業01-2　日本の自動車産業

問1A　問2C　問3AとB　問4〈語句確認〉①愛知県　②関連
問8〈語句確認〉①一つの流れ　②ロボット　③ライン　④指示ビラ（注文票）
⑤あらかじめ　⑥人の目　問10〈語句確認〉①関連　②組み立て工場で組み立てる
車種の順に　③組み立て工場の作業時間に合わせて　④いくつもの層
⑤できなくなる　問11B　問12マレーシア：B　アメリカ：A
問13〈語句確認〉①世界中　②船，高速道路　③船，トラック　④できなくなる
⑤世界各国　⑥たくさん　⑦それぞれの国に住む人　問15すべて○　問16女性
問17〈語句確認〉①技術，電気　②リサイクルする　③いる

工業01-3　日本の工業生産と運輸

問1三菱　問2C　問3運べなく　問4〈語句確認〉①成田国際空港，軽く，高価な　②自動車　③いろいろな方法を組み合わせて　④全国各地に
⑤運輸，つないで　問7①ア→オ→イ→エ→ウ　②ウ→ア→エ→イ→オ
③ア→オ→エ→ウ→イ　問8〈語句確認〉①貿易　②アラブ首長国連邦
③ブラジル　④輸入　⑤機械類，増加　問10①エ→ア→オ→イ→ウ　②エ→ア→
イ→オ→ウ　③オ→ウ→イ→エ→ア　問11〈語句確認〉①オーストラリア
②機械類　③増加　④世界中の国

工業01-4　これからの工業

問6〈語句確認〉①伝統　②いる　問10〈語句確認〉①オンリーワン，技術
②いる　③持ち寄って，協力して　④多い　⑤中小工場　問15〈語句確認〉①輸入

②現地生産　③減少　④配慮，技術や仕組み

情報02-1　わたしたちの身のまわりの情報

問6〈語句確認〉テレビニュースづくり編：①正確，分かりやすく　②多くの人
③何重にも　④重要　⑤ある　⑥編集されて　新聞づくり編：①いくつもの
②重要　③ある　④構成を考えて　　問8〈語句確認〉①なる　②大きい　③同じと
は限らない　④正しいとは限らない

情報02-2　社会の中の情報利用

問1①〜⑥○　　問3①強盗などの身長の目安にするため　②○　③年齢キー（客
層キー）　④ポイントカード（アプリ）がふきゅうし，取得できる情報の精度が上が
ったから　　問5〈語句確認〉①増加　②参考にして　③自動，できる　④いる
問7①○　②×　③○　④×　　問9〈語句確認〉①位置　②情報　③移動販売
④人々　　問11 B→C→A→D　②すべて○　　問12〈語句確認〉①いろいろな，
いる　②いる

［別案・気象情報］

問3〈語句確認〉①気象情報　②いる　　問6〈語句確認〉①ある　②出荷量，
減らせる　　問13〈語句確認〉①予測情報　②生産，減らす

情報02-3　情報を本当に生かすためには？

問3〈語句確認〉①増加　②増加，増加　③ある　④スマートフォン
問7〈語句確認〉①正しいわけではない　②インターネット　③個人情報

環境03-1　災害に備えて何ができる？

問1 地震　　問2 台風　　問4〈語句確認〉①ずれる　②プレート　③緊急地震速
報　④ふだんからの　　問6 B　　問7 徳島県　　問8 C　　問9 B　　問11①×
②×　③○　④○　　問12〈語句確認〉①海からはなれて　②防潮堤　③いる
④必要　　問14①，④　　問16①○　②×　③○　④○　⑤○　　問17〈語句確認〉
①減災　②土砂を防ぐ　③必要　④ひび割れ，水　　問19 B　　問20 ひなんをして
いたから　　問21 地殻（地面）がゆがむ　　問23①○　②×　③○　④○
問24〈語句確認〉①警報　②なだれ

環境03-2　森林とわたしたちの生活

問1　①→③→⑤→④→②　　問2　②　　問3　〈語句確認〉①60％以上　②林業
③天然林　④約12　　問7　〈語句確認〉①天然林　②いない，いろいろな　③いる，
少ない　④減っている　⑤外国産　⑥いる　⑦いたんでいく　　問10　②
問11　〈語句確認〉いたんでいく

環境03-3　環境を守るわたしたち

問2　〈語句確認〉①いこいの場　②ゴミだらけ　③地下水，下水道　　問4　①肉眼
②クサイ　　問5　①×　②○　③○　④○　⑤○　　問6　〈語句確認〉①水　②公害
③あぶく，におい　　問8　①×　②○　③○　　問9　〈語句確認〉①下水道，排水
②下水道に　③法律　④行っている　⑤わたしたち（市民）

工業01-2　日本の自動車産業

①
点検をわすれていて
Aの機械が故障する。
2分間，Aの人は
ハサミを使えない。

②
点検をわすれていて
Bの機械が故障する。
2分間，Bの人は
ハサミを使えない。

③
関連工場の場所が
変こうになる。
6分間，Aの人は
他の教室で作業。
※これを引いた班：
トラブル発生の6分間は，
③のカードを引いても
引き直せる

④
関連工場の場所が
変こうになる。
6分間，Bの人は
他の教室で作業。
※これを引いた班：
トラブル発生の6分間は，
④のカードを引いても
引き直せる

⑤
トヨタ生産方式
カンペキマスター！
トラブルなし！

情報02-1　わたしたちの身のまわりの情報

資料：ごんぎつねのあらすじ　Ａ

①昔，ある村にいたずら好きのごんぎつねというきつねがいた。

②ある日，兵十が川で魚をとっているのを見て，ごんはその魚をにがすといういたずらをした。

③ごんが魚をにがしたせいで，兵十の母は「うなぎが食べたい」と言いながらなくなってしまった。

④いたずらを後悔(こうかい)したごんは，兵十に見つからないように，罪(つみ)ほろぼしにくりなどをとどけるが，兵十にはだれがしているか気づいてもらえない。

⑤ある日，いつものようにくりなどを持ってきたごんを見つけた兵十は，ごんがいたずらをしにきたと思う。そして火縄じゅうでうつ。

⑥ごんに「お前だったのか？　いつもくりをくれたのは。」とたずね，ごんがうなずいたことで初めて兵十はごんの行いを知る。

資料：ごんぎつねのあらすじ　Ｂ

①昔，ある村にいたずら好きのごんぎつねというきつねがいた。

②ある日，兵十が川で魚をとっているのを見て，ごんはその魚をにがすといういたずらをした。

③ある日，ごんは村でそう式があることに気づき，それが兵十の母のそう式であると知る。そして，兵十の母がなくなった原因が自分だと勝手に思いこむ。

④いたずらを後悔したごんは，兵十に見つからないように，罪ほろぼしにくりなどをとどけるが，兵十にはだれがしているか気づいてもらえない。

⑤ある日，いつものようにくりなどを持ってきたごんを見つけた兵十は，ごんがいたずらをしにきたと思う。そして火縄じゅうでうつ。

⑥ごんに「お前だったのか？　いつもくりをくれたのは。」とたずね，ごんがうなずいたことで初めて兵十はごんの行いを知る。

おわりに

　本書は１年間の育児休業期間中に書き上げました。生まれたばかりのわが子や５歳になった双子の育児をしながら，毎日子供と目いっぱい遊んで，寝るときには何冊も絵本を読み「お休み」を言う。その寝顔を見ることが一番のエネルギーのもとです。家族の支え以上のものは，ありません。この子たちの生きている社会がどうか素敵なものであってほしい。それが私の一番の願いです。そんな，私と同じような毎日を過ごし，毎日が精一杯の先生方。どうかこの本がそんな先生方の助けになれば幸いです。

　しかし，「はじめに」でも述べたように，現在，教師の置かれている状況は危機的です。史上最多の病休数。志願者数の激減。これらははっきりいって人災です。問題点は大きく２つあります。

①「育てる」仕組みが不十分

　若い先生がゆっくり学ぶ時間がありません。管理職や教育委員会は仕事を増やすばかりで減らしてくれません。減らせることも減らしてもらえない中で，多くの先生たちは事務仕事が終わったときにパソコンを閉じながら「今日の仕事終わった！」と言うのです。

②「守る」仕組みが不十分

　先生方の命を，管理職や教育委員会，文部科学省が守る仕組みがありません。すべて「病気になった人が悪い」になっています。形では「病気になって心配」と言いますが，具体的・効果的対応はないことがほとんどです。また，復帰のプログラムが整備され，実行されている自治体がどれだけあるでしょう。このように，多くのハラスメントが横行し，中には診断書が提出さ

れたにもかかわらず「診断書は受け取っていない」と虚偽の報告を行う管理職も実在します。こういう声を実際に集め，訴え出る時が来ました。

　もちろん，中には素晴らしい管理者がいることも理解していますが，以上の主張は概ね共感を得られる内容でしょう。

　さて，そんな状況の中でこの本の果たす役割は単純なものです。それは，「どんなときでも，この本さえコピーすれば面白い授業ができる」というものです。100点とはいいませんが，65〜80点の授業は確保できる。それがこの本の意義です。

　今回も他で全く出されていない新品のネタを多数用意しました。「へー，そんなネタがあるんだ」「そのネタは本当かな？」など，読みながらたくさんの考えが頭に浮かんでくることでしょう。そんな先生方の姿を想像するのは，このシリーズを出す一つの楽しみでもあります。本当はもっともっとネタはあるのですが，紙幅の都合と，「ネタのタネ」の段階で到底授業には耐えられないとの判断で掲載を見送っています。ネタは何となくわが子のようなものですから，大切に育て，次の機会があればぜひ披露したいと思います。

　私はほとんどSNSをしないですから，このご時世ではなかなか先生方とつながることはできないのが残念なところです。何かの機会で，読者の方々とつながれたらいいなと，いつも考えながら毎日を過ごしています。

　最後に，先生方。どうか，自分の身を第一に考えて毎日を過ごしてください。私は，そんな弱い立場に置かれている先生方の味方です。

阿部　雅之

ご協力いただいた団体・企業の皆様 （順不同）

東大阪商工会議所

株式会社 MACHICOCO

日本経済新聞東大阪支局

ホテルマウント富士

JA 全農山形

沖縄観光情報 Web サイト「おきなわ物語」

愛知県豊田市博物館準備課

セブン‐イレブン・ジャパン

愛知県東海市企画部広報課

株式会社盛光 SCM

書籍全体での参考資料 （順不同）

日本文教出版 「小学社会5年」令和2年度版

東京書籍 「新しい社会5 上・下」令和2年度版

教育出版 「小学社会5」令和2年度版

帝国書院 「楽しく学ぶ 小学生の地図帳」令和2年度版

文溪堂 「基礎基本 社会テスト」

＊『国土・食料生産編』『工業・情報・環境編』の上下巻での団体・企業様，資料をまとめて記載しています。

【著者紹介】

阿部　雅之（あべ　まさゆき）

1984（昭和59）年神戸市生まれ。公認心理師。大阪教育大学卒業。専門は社会科教育学。マレーシア・ペナン日本人学校を経て現在東大阪市立小学校勤務。１年間の育児休業後，現場復帰。中学校英語科教諭の免許の取得を予定しており，現在はイギリスの大学院留学のための準備を進めている。趣味はサッカー観戦と育児。

社会科授業サポート BOOKS

子供を社会科好きにする！面白ネタでつくる
５年生　全単元の授業プラン＆ワークシート
工業・情報・環境編

2024年８月初版第１刷刊	ⒸＣ著　者	阿　　部　　雅　　之
	発行者	藤　　原　　光　　政
	発行所	明治図書出版株式会社

http://www.meijitosho.co.jp
（企画）林　知里（校正）西浦実夏
〒114-0023　　東京都北区滝野川7-46-1
振替00160-5-151318　電話03(5907)6703
ご注文窓口　電話03(5907)6668

＊検印省略　　　　　　　　　組版所 株式会社 アイデスク

Printed in Japan　　　　　ISBN978-4-18-316627-2
もれなくクーポンがもらえる！読者アンケートはこちらから

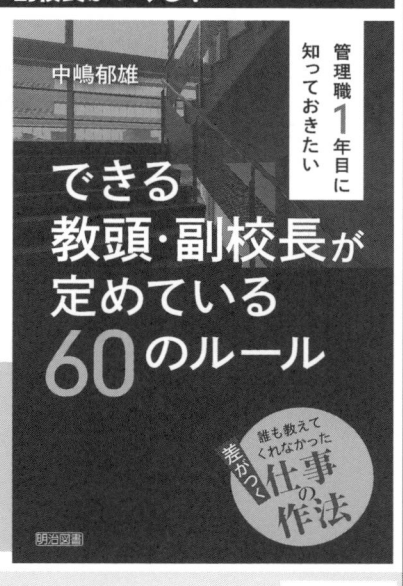

教室の心理的安全性
クラスをＨＡＰＰＹにする
教師のリーダーシップとマネジメント

星野 達郎 著
定価 2,420 円（10％税込）　図書番号 3400

やさしくわかる
生徒指導提要ガイドブック

八並 光俊・石隈 利紀・田村 節子・家近 早苗　編著
定価 2,200 円（10％税込）　図書番号 1305

できる教師の習慣大全
結果を出すマインドセット

森川 正樹　編著／教師塾「あまから」　著
定価 2,530 円（10％税込）　図書番号 2055

小１担任のための
スタートカリキュラムブック

安藤 浩太 著
定価 2,486 円（10％税込）　図書番号 2254

イラスト図解
ＡさせたいならＢと言え
子どもが動く指示の言葉

岩下 修 著
定価 2,310 円（10％税込）　図書番号 9158

明治図書　携帯・スマートフォンからは **明治図書 ONLINE へ** 書籍の検索、注文ができます。▶▶▶

http://www.meijitosho.co.jp ＊併記４桁の図書番号（英数字）でHP、携帯での検索・注文が簡単に行えます。

〒114－0023　東京都北区滝野川７－46－１　ご注文窓口　TEL 03－5907－6668　FAX 050－3156－2790

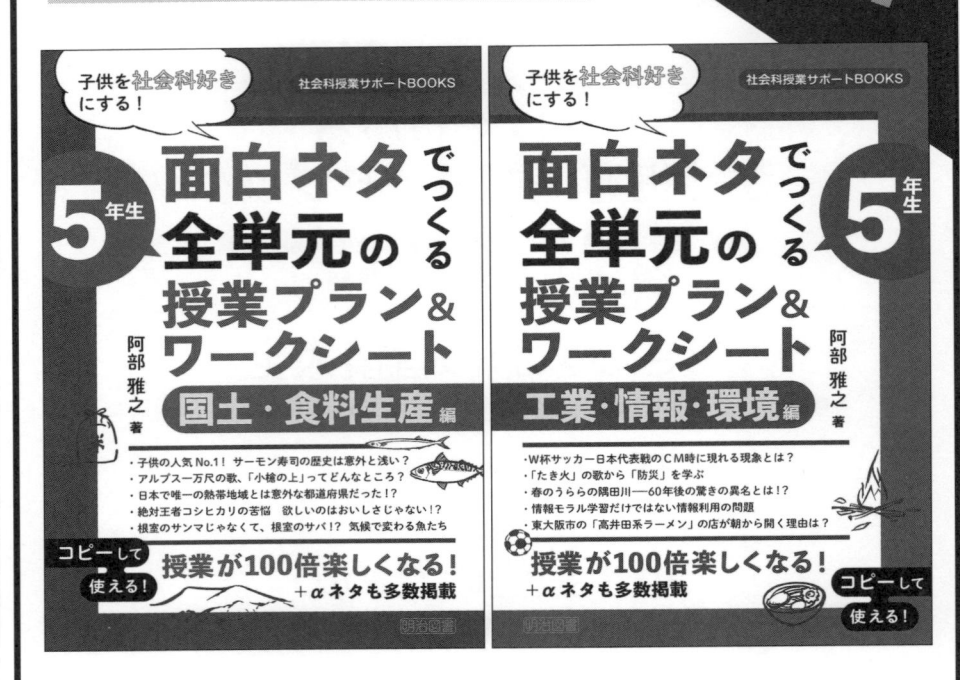